La hora de los sensatos

Divulgación
Actualidad

Leopoldo Abadía

La hora de los sensatos

ESPASA

El papel utilizado para la impresión de este libro es cien por cien libre de cloro y está calificado como **papel ecológico**.

Paseo de Recoletos, 4. 28001 Madrid (España)
www.espasa.com
www.planetadelibros.com

Diseño de la cubierta: gráfica
Ilustración de la cubierta: Javier Tles
Primera edición en Colección Booket: enero de 2011
Segunda impresión: febrero de 2012

Depósito legal: B. 3.754-2012
ISBN: 978-84-670-3580-3
Impresión y encuadernación: Liberdúplex, S. L.
Printed in Spain - Impreso en España

Biografía

Leopoldo Abadía (Zaragoza, 1933), Doctor Ingeniero Industrial, ITP Harvard Business School, fue profesor del Instituto de Estudios Superiores de la Empresa (IESE) durante treinta y un años. Es padre de doce hijos y abuelo de cuarenta y un nietos, y autor de los bestsellers *La Crisis Ninja y otros misterios de la economía actual*, *La hora de los sensatos* y *¿Qué hace una persona como tú en una crisis como esta?* Colaborador habitual de televisión, prensa y radio, su blog www.leopoldoabadia.com cuenta con más de cuatro millones de visitas. Es Patrono de Honor de varias fundaciones dedicadas a la protección infantil. En sus más de trescientas conferencias por España y en sus intervenciones en los medios de comunicación, revela a la gente un nuevo punto de vista sobre la actualidad, basado en el sentido común, en la sencillez, y en el análisis y juicio de los hechos. Esto le permite acercar la economía y el lenguaje financiero a todo el mundo.

www.leopoldoabadia.com
www.twitter.com/viajeroninja

Índice

Agradecimientos
Reanudo los desayunos con mi vecino de San Quirico 13

Una suerte 15
Mi nueva vida 15
Ordenando servilletas 16

1. Reanudo los desayunos con mi vecino de San Quirico 17
Lo que la gente me ha dicho 18

2. El informe 21
Agradecimiento 21
Desamparo 21
Desconcierto 22
Escepticismo 23
Las entidades financieras 23
Derechas, izquierdas y más 25

3. La preocupación de mi amigo 28

4. La pregunta que temía 31
¿De qué soy? 32
Las preguntas 34
La persona 34
La revolución civil y el primer artículo de su Constitución 36
La sociedad 37

5. Desayuno sin libreta 39

6. El bien común 41
Desayuno importante 42

7. La política 46

8. La economía 50

9. La democracia 54

10. Los desayunos siguen. Hoy toca hablar de la empresa 56

11. Pero yo, ¿de qué soy? 60

12. Cena de matrimonios 62

13. Hay que hacer algo 65
El *safety car* 66
El accidente 67

14. FIESTA MAYOR 73

15. LA GENTE NORMAL 75
Qué quiero exigir a la gente normal 76
Lo de Churchill 77
Otra declaración de principios 78
Y otra más 79

16. LOS RESPONSABLES 80
Los criterios 80
La competencia 83

17. VAMOS A GOBERNAR 86
Primero, a ver cuántos necesitamos 88
Necesitamos cuatro 89

18. LAS RESPONSABILIDADES DE LOS CUATRO 91
El VP 1 91
El VP 2 93
El VP 3 95
Y ya está 98

19. EMPEZAMOS A TRABAJAR 99
Mi amigo quiere empezar con dos 99
La primera reunión del presidente con el VP 1 y el VP 3 100

20. DÍA N.º 1. SIETE COSAS 102
Primer día 103
Fin del primer día 108
El acta del primer día 108

21. DÍA N.º 2. EL DINERO 110
Segundo día 110
Fin del segundo día 125
El acta del segundo día 127

22. DÍA N.º 3. EMPRESARIOS Y BANCOS 128
Tercer día 128
Fin del tercer día 137

23. DESCANSO. EL SENTIDO COMÚN 139
Intermedio 139

24. DÍA N.º 4. MÁS EMPRESAS 142
Cuarto día 142

25. SE ACABÓ LA PRIMERA REUNIÓN 148
El acta final 148

26. NECESITO OTRO VICEPRESIDENTE 149
El denominador 152
Hablo con el VP 4 152

27. UNA DECLARACIÓN DE INTENCIONES 154
Y con esta base, me pongo a hacer la lista 155
La lista 156
Otro desconcierto 162
Los signos de los tiempos 163
La visita del VP 4 a las Comunidades Autónomas 164

28. UNA MANERA DE GOBERNAR 166
Los despachos bilaterales 167

29. Los viernes, Consejo 170
El orden del día 170
El acta 172
Los Consejos monográficos 173
Información 174

30. Lo que me gustaría 177

31. Nuestras mujeres 180

32. Hay que elegir a los vicepresidentes 181

33. Qué hacemos con los demás. El informe final 184

34. Otra cena de matrimonios 189
El corte 193

35. La despedida 196

36. El día siguiente 197

Agradecimientos

Reanudo los desayunos con mi vecino de San Quirico

Cuando escribí el libro sobre *La Crisis Ninja,* se lo dediqué a mi mujer, a mis hijos, a mis nietos y a mis amigos.

Este año he conocido a mucha gente. He hablado con muchos, me he hecho muchas fotografías. Me lo he pasado muy bien.

Me han soltado muchos piropos. Gracias a Dios, no me los he creído. Me he dado cuenta de que hay mucha gente buena por ahí y de que, sorprendentemente, a mí me han tocado todos.

La Introducción a este libro se titula «Una suerte». Eso es lo que yo he tenido este año: una suerte. La suerte de encontrarme con muchas sonrisas, con mucho cariño, con muchas personas normales.

Y, en los tiempos que corren, ser «normal» es algo muy serio y muy importante.

Por todo ello, con el corazón lleno de agradecimiento, dedico este libro a mi mujer, a mis hijos, a mis nietos, a mis amigos y a todos los normales con los que he tenido ocasión de echar unas cuantas risas a lo largo de este año.

Para todos, un abrazo fortísimo.

SAN QUIRICO (pueblo imaginario, pero un poco menos que hace un año), septiembre 2009

Una suerte

Mi nueva vida

Estos dos últimos años han sido muy especiales. He dado bastantes conferencias, he escrito artículos, he colaborado con programas de radio y televisión…

Pero lo más importante es que he conocido a muchas personas. Y como decía mi amigo Antonio, «cuando digo muchas, quiero decir MUCHAS, porque si quisiese decir pocas, lo diría, que soy muy preciso en mis afirmaciones». —Esta era una frase que un grupo de amigos solíamos utilizar hace años, apostando a ver quién la colaba antes en una conversación y acabando siempre con carcajadas, porque si algo no nos caracterizaba, era eso: la precisión.

Pues sí, he tenido esa suerte. Le llamo «suerte» porque a una edad ya un poco avanzada, existe el peligro de que uno no haga nuevos amigos. Uno tiene los de siempre, que, poco a poco, van falleciendo, dejándonos con la sensación de que, con lo joven que era fulano, se ha muerto.

En mi libro anterior, el de *La Crisis Ninja,* que cayó bien a la gente, puse cosas que se me ocurrieron sobre lo que había pasado. Y muchos me preguntaban cuándo iba a salir el segundo libro, con las soluciones a la crisis.

Yo nunca había pensado escribir un libro y, en consecuencia, nunca me había planteado escribir el segundo. Más aún, cuando acabé el primero, quedé tan cansado que me dije: «Una vez y no más, santo Tomás».

ORDENANDO SERVILLETAS

Pero…, siempre hay un pero. El «pero» esta vez han sido los cientos de conversaciones que he tenido durante esta época y de las que he tomado nota en servilletas, como siempre. Como las servilletas no tienen una medida estándar, y además, según el bar, son de colores distintos, tengo un verdadero muestrario. Las únicas que no he utilizado son las del AVE, porque son de color azul oscuro y allí no hay quién escriba.

Al acabar la temporada —fijaos que ya hablo como los del mundo de la farándula—, dediqué bastantes horas a ordenar las servilletas por fechas. ¡Tenía doscientas sesenta y tres! De todos los tipos: manchadas de café, de café con leche, de cruasán…, pocas de jamón ibérico, siempre de desayuno. Debe de ser que a esa hora estoy más parlanchín o discurro mejor o discurre mejor y está más parlanchín el que habla conmigo.

Y una vez ordenadas, las repasé, a ver si pensaba algo. Y lo que viene a continuación es lo que se me ha ocurrido. A ver qué os parece.

1
REANUDO LOS DESAYUNOS CON MI VECINO DE SAN QUIRICO

Le he tenido bastante abandonado estos últimos meses. Me he escapado a San Quirico siempre que he podido, pero con las firmas de libros y demás, he llegado a estar mes y medio sin subir. Y cuando subo, estoy cansado. Y cuando estoy cansado, tengo sueño.

Mi mujer dice que también tengo sueño cuando no estoy cansado. Debe de ser la tensión baja, de la que tengo datos muy actualizados, porque me la miden en la farmacia de San Quirico, junto con el peso, la altura y la masa corporal. Es el chequeo periódico que me voy haciendo y, por ahora, las cifras son presentables.

Llamé a mi vecino y le dije que debíamos vernos. Que la entrevista, esta vez, tenía que ser larga, o que tendríamos que tener muchas entrevistas, porque todo lo que me ha pasado no se puede resumir con respuestas de síntesis —«todo ha ido bien», «apasionante», «muy interesante», «divertidísimo», etc.—. No, hay muchas cosas y muchos detalles que a mí me han parecido importantes y de los que quiero que se entere.

LO QUE LA GENTE ME HA DICHO

Porque la gente me ha dicho muchas cosas. Pero que muchas. Y me las han dicho en Badajoz, Vitoria, Sevilla, Ciudad Real, Zaragoza, Santillana, Estella, Tenerife, Mérida, Valencia, Pamplona, Albacete y Castellón. Y en más sitios que me dejo, como Vigo, Burgos, Londres, Luxemburgo, Lisboa y Oporto. No sigo, porque alguien puede pensar que quiero presumir de lo que sé de geografía.

Y esas cosas se las quería transmitir a mi vecino, que, sorprendentemente, ha aparecido en el bar con una libreta nueva y gorda de espiral y con un bolígrafo. Lo primero que se me ha ocurrido ha sido pensar: «¡Este viene a trabajar!». Lo segundo, que él también ha ido a un bar al que fui el otro día y ha encontrado allí una servilleta en la que ponía: «Las servilletas se destruyen deprisa. Los árboles crecen despacio». Y ha decidido destruir pocas.

Pues sí, este ha venido a trabajar. El día es caluroso, aunque en el bar se está bien. Me parece que no tienen aire acondicionado, pero han montado una combinación de ventanas abiertas que hace que el ambiente sea muy agradable.

Nuestra llegada ha sido recibida con una cierta expectación. Amables como siempre, pero con un cierto tono de respeto, como si se dieran cuenta de que «aquí llegan las dos cabezas pensantes de San Quirico».

En confianza os diré que conozco muy bien el nivel de cabezas pensantes de mi pueblo y que es bastante alto. Pero la fama es la fama y ahora la fama la tenemos mi vecino y yo. Ya veremos cuánto dura.

Pedimos nuestros bocadillos, como siempre, y nuestro vino, como siempre. Lo que pasa es que, hoy, mi vecino viene exigente. Por dos razones: una, porque, además, quiere tortilla. Y dos, porque no quiere un vino cualquiera. Le dan a elegir entre Penedès, Rioja y Somontano. Quedamos en que, como hoy invita él y se supone que se repetirán los desayunos, empezaremos por un vino catalán, seguiremos otro día por el aragonés y nos dedicaremos al de Rioja la vez siguiente. Yo, que he estado en Ciudad Real y en Requena y me he traído de esos sitios unas botellas de vino riquísimo, estoy dispuesto a ampliar el muestrario.

Esperamos a que traigan lo que hemos pedido y, mientras tanto, nos volvemos a poner al día en cuestiones familiares y de trabajo. Tenemos una cosa en común: que las dos familias funcionan muy bien, lo cual, en estos momentos, y siempre, es muy de agradecer.

Hablamos de fútbol. Yo estoy contento porque el Zaragoza ha subido a primera división y él está contento porque el Español no ha bajado a segunda y, además, ha estrenado campo, que, por lo que dicen, es una preciosidad.

Atacamos el jamón, la tortilla y la botella del Penedès. Y entonces mi vecino abre la libreta y veo que, en la primera página, pone: REUNIÓN N.º 1 CON LEOPOLDO. Y la fecha. Pues sí, era verdad. Este viene a trabajar.

Y me dice: «Infórmame. ¿Cómo ha respondido la gente a todas las cosas que les has dicho? Y ¿cómo has reaccionado tú?».

Como mi amigo es tan bueno, el cómo he reaccionado yo es importante para él, porque de vez en cuando, me manda mensajes como «Leopoldo, humildad».

Y como está tan serio, prefiero no andarme con rodeos y voy y le informo, mezclando las reacciones de la gente con las mías.

2
EL INFORME

AGRADECIMIENTO

En primer lugar, le digo que he encontrado a la gente agradecida. Esto me ha sorprendido mucho. La gente me para por la calle y me da las gracias por hablar claro. Le digo a mi vecino que esa ha sido la primera sorpresa, y él sonríe, se calla y apunta: «Gente agradecida».

Otros me han dado las gracias porque han entendido las cosas que «esos» dicen de manera tan complicada. Como me pasa siempre, nunca sé quiénes son «esos», pero eso es lo que me dice la gente.

DESAMPARO

Aquello de las ovejas sin pastor se está produciendo ahora. Preguntas como: «Y a mí ¿quién me protege?», «¿Quedará dinero para las pensiones?» —en este caso, la pregunta no se refiere a las pensiones en general, sino a la concreta del que hace la pregunta—, «¿Saldremos de esta? ¿Cuándo?», «¿Qué me pasará cuando se me acabe el subsidio de paro?», «¿Cuándo podré independizarme de mis padres?», se repiten continuamente, de un modo o de otro.

Algún padre me ha preguntado cuándo podrá independizarse de su hijo, pero no lo pongo, porque pienso que es la misma pregunta, pero puesta al revés.

Me parece que las personas, que quizá se han acostumbrado a que les den todo hecho —esto es una exageración, pero ya me entendéis— ahora se dan cuenta de que el que les decía que no se preocuparan, porque de todo se preocupaba ÉL, en nombre del Estado, ha patinado de forma espectacular. El que durante mucho tiempo ha dicho que aquí no pasa nada y que esto va como un tiro, ha vuelto a dar otra lección de patinaje artístico.

En este caso, además, el patinaje ha tenido repercusiones internacionales. En Lisboa me comentaban que habían pasado un año muy malo, porque ellos tenían muchas dificultades. Pero que el malestar había crecido porque, mientras tanto, los vecinos de la derecha, o sea, los españoles, no teníamos ningún problema, todo nos iba de maravilla, nos repartíamos a todas horas prebendas envueltas en leche y miel y decíamos que la culpa de lo que les pasaba a los portugueses era de Bush —hijo y, de paso, también del padre— y los *neocon* —que, por cierto, nadie sabe qué quiere decir.

DESCONCIERTO

Con tanto patinaje y tanto cuento, la gente ha empezado a afirmar: «Ay madre, que estos no saben por dónde andan». Y así como antes, cuando «estos» hablaban tan serios, el vulgo (o sea, nosotros) opinaba: «Estoy en buenas manos»; ahora, cuando les ven serios, piensa: «Estos no se ríen por prudencia, para que nadie les rompa la cara».

Escepticismo

Escepticismo, mucho escepticismo. Por un lado, unos señores, y unas señoras, hablan y hablan y hablan. Y, por otro, muchos señores, y muchas señoras no se lo creen y no se lo creen y no se lo creen.

Las entidades financieras

Aquí también hay una total unanimidad: las entidades financieras de todo el mundo —y cuando digo «de todo el mundo», quiero decir «de todo el mundo», porque si quisiese decir otra cosa, etc.— lo podían haber hecho mejor.

Esto es algo que nos pasa a todos, porque todos podemos hacer siempre nuestro trabajo un poco mejor. Ahí está la gracia de la vida. Pero estos mozos lo han hecho francamente mal.

Como tengo amigos que trabajan en entidades financieras y no se trata de perder amigos con lo escasos que van hoy, matizo y digo que CASI todas las entidades financieras del mundo lo han hecho de pena.

Casi todas las entidades financieras del mundo tienen la culpa de lo que ha pasado.

Casi todas las entidades financieras del mundo tienen la culpa de lo que está pasando.

Algunas, concretamente, han hecho cosas de Juzgado de Guardia —no sé cómo se dice en inglés, pero lo dejo así, porque también hay algunas españolas.

Algunas en concreto lo siguen haciendo, lo que ha motivado que un señor haya dicho hace cuatro días que «la actuación de estos señores es un abuso escandaloso».

La gente con la que he hablado está quemada y un poco requemada con casi todas las entidades financieras.

Alguna ha recomendado a un señor una inversión en un banco islandés que han calificado de conservadora y, al cabo de un tiempo, le han dicho al cliente que «verdes las han *segao»,* frase que, en Aragón, se utiliza para explicar que si te he visto, no me acuerdo, o sea, que de los miles de euros que pusiste aquí por nuestra recomendación no queda ni uno.

Alguna otra ha vendido a sus clientes un producto que el mismo director de la oficina bancaria que lo vendió, lo ha calificado de «aberrante» cuando los clientes a los que se lo había vendido se han dado cuenta de que sí, de que era aberrante. Cuando a ese director se le ha preguntado si advirtió a los clientes cuando se dio cuenta de la aberración, ha dicho que no, que solo avisaron de manera informal a algunos, que arreglaron el tema «vía manual», que no se sabe exactamente si es siguiendo las instrucciones de algún manual o dándole a una manivela.

Alguna otra ha presentado a sus empleados un producto nuevo, que ha hecho que uno de ellos haya opinado que no puede engañar a sus clientes, a lo que le han respondido que se vaya buscando otro empleo.

¡Qué cosas pasan en el mundo! En el mundo financiero, por supuesto.

En las conferencias me han preguntado si hay gente honrada en ese mundo. ¡Claro que sí! Yo conozco a unos cuantos. Lo que pasa es que los sinvergüenzas se han lanzado a trabajar en serio y, ayudados por los estúpidos que les han comprado los productos, han conseguido liar a los ingenuos, que son los que han venido a mis conferencias.

También ha venido algún financiero alguna vez. Cuando he dicho lo de CASI todas las entidades financieras, el financiero asistente ha sonreído beatíficamente. Detrás de la sonrisa no sé si había un suspiro de satisfacción que quería decir «¡Menos mal que nosotros no nos metimos en ese *fregao!*» o de alivio al pensar que «Este no se ha enterado de los chanchullos que hemos hecho».

DERECHAS, IZQUIERDAS Y MÁS

Mi amigo no sonríe desde hace un rato. En la libreta ha apuntado más cosas. Lo que pasa es que yo leo mal al revés.

Cuando estoy lanzado, me corta y asegura: «Todos los que te dicen estas cosas deben de ser de la oposición, ¿no?».

Pues no. O por lo menos no me lo puedo creer. Ni me lo quiero creer. Porque he dado muchas conferencias y han asistido bastantes personas, algunos miles. No he hablado con todos, como es natural, pero he visto las caras y he oído los aplausos.

Que sí, le digo a mi amigo, que me han aplaudido. Y mucho. Que ya sé lo de la humildad. Y que no me lo he creído. Pero pienso que de los que me han oído, y además han aplaudido, y mucho, unos eran de lo que antes se llamaban derechas, otros de los que antes se llamaban izquierdas y otros de los que nunca se han llamado de medio centro, pero que no estarían mal catalogados con ese nombre.

Mi amigo pone cara rara y escribe algo.

Yo continúo asegurándole que, como las personas, antes de ser de derechas, de izquierdas o de lo que sea, somos PERSONAS, y a las personas nos preocupan más o menos las mismas cosas, pues creo que de esas con las que he hablado, habrá habido un tanto por ciento que votaron por un partido, otro tanto distinto que votaron por otro, y así sucesivamente, hasta los que no fueron a votar y, más preocupante, los que sí fueron a votar y votaron en blanco.

No soy nadie para interpretar lo que piensa la gente, pero me digo que si un día hace un tiempo agradable y estoy dispuesto a no ir a la playa y, en su lugar, acudir a mi colegio electoral, y votar en blanco, quiere decir que sí, que soy demócrata, que quiero jugar a este juego, pero que ME SOBRAN TODOS y que quiero que TODOS se enteren. Y de paso, si TODOS se largaran, ¡qué bendición!

Como se nos ha hecho tarde, y mi amigo tiene que ir a trabajar, él se va a su empresa y yo a mi casa.

Helmut, mi perro, está durmiendo. Yo creo que el calor le agobia, pero mi mujer dice que si Dios le hizo con el pelo largo, por algo será, y no se lo quiere cortar.

El petirrojo lleva días sin aparecer. Como hemos estado tanto tiempo sin venir, igual se ha buscado otros amigos. No lo creo, porque me parece que había un cierto *feeling* entre él y nosotros. Vamos a darle un voto de confianza. Yo creo que, en algún momento, aparecerá.

3
LA PREOCUPACIÓN DE MI AMIGO

Mi amigo trae su libreta y me entrega una fotocopia de lo que ha ido anotando. Piensa que así no se nos olvidará nada. Pero hay una cosa que le ha dejado un poco perplejo. Es eso de que los de derechas, los de izquierdas y los otros están preocupados. Y que la gente, cuando levanta la mano para hacer una pregunta al acabar una conferencia, no dice: «Buenas, yo soy de una cierta derecha, mezclada con una cierta izquierda y con pinceladas de centro». No. Sus frases son: «¿Son embusteros o incompetentes?», «Estos mozos ¿de qué van?», «¿Me puede usted decir el porcentaje de políticos que no son unos inútiles?». El intelectual de turno, que siempre hay uno: «Los que gobiernan, lo hacen de manera deplorable. Los que se oponen, de manera deplorabilísima».

Y así, hasta mil. O más.

Como ahora he aprendido mucho y empiezo a saber decir frases extrañas, le explico a mi amigo que el fenómeno de la *transversalidad* se está extendiendo. Es decir, que hay personas que antes eran de derechas y otras que eran de izquierdas y que, en algún tema, ahora piensan lo mismo.

A mi amigo, lo de la transversalidad le suena feo y tengo que aclararle que cuando se habla de la ideología de alguien, no se puede reducir a una palabra, porque, si se hace así, a esa palabra hay que ponerle detrás uno o varios adjetivos que indiquen que yo, que llevo un adjetivo, pienso distinto de ti, que llevas otro. O que, con varios adjetivos cada uno, pensamos lo mismo.

Mi amigo, como es natural, pone cara de no entender nada. Dice que sí, que ya le extraña cuando oye hablar de la extrema derecha, la derecha, la *derechona,* el centro derecha, el centro izquierda, el socialismo marxista, el no marxista, la social democracia, la democracia cristiana, la no cristiana, la sintoísta, etc. Y me dice: «¿No será que cada uno pensamos como queremos y hay quien se empeña en hacernos pasar por el aro de lo que él piensa, poniéndole a ese aro un nombre sofisticado?».

Estoy a punto de sufrir un ataque de refinamiento dialéctico y decirle que no admito una visión reduccionista del hombre, pero dadas las circunstancias, o sea, que ya estamos en el Cardhu y que el horno no está para muchas sofisticaciones, me callo y pienso que ya se lo colaré en algún momento.

Vuelvo a equivocarme. Porque no he dicho lo del *reduccionismo* en atención a mi amigo, pero él va y dice que esto no es más que el *crepúsculo de las ideologías,* que ya lo anunció Gonzalo Fernández de la Mora, que fue un ministro de Franco.

Le corto enseguida, porque temo que esté a punto de decir la frase que, por cierto, nadie me ha dicho en las conferencias: «Con Franco, esto no pasaba».

Y supongo que no me lo han dicho porque Franco se murió hace muchos, muchos años, porque la Guerra Civil se acabó, gracias a Dios, hace muchísimos más años, y porque la gente no está para tonterías, ni para escuchar que lo mal que lo están haciendo los que gobiernan y los otros se debe a un contubernio que existió hace setenta años entre Franco y algún presidente masón de Estados Unidos, bajo la mirada complaciente de Hitler y Mussolini y, si te descuidas, de Stalin.

4
La pregunta que temía

Supongo que a vosotros os ha pasado lo mismo que, de vez en cuando, me pasa a mí: estás hablando con alguien y piensas que hay un ligero peligro de que te hagan una pregunta que, en principio, no sabrías muy bien contestar. Y cuando está a punto de acabar la conversación y creías que ibas a salir de rositas, te la hacen.

Eso me pasó con mi amigo. Porque después del rollo de la visión reduccionista, de la transversalidad y de que hay gente y gente, y gente que, gracias a Dios, piensa de forma distinta y distinta y distinta, la pregunta lógica que yo debía esperar era: «Y tú ¿qué? ¿Qué piensas? ¿De qué eres?».

Como es natural, la pregunta cayó. Y, además, adornada, porque mi amigo la remató diciendo: «Y no me digas que eres del Zaragoza, porque eso ya te lo he oído demasiadas veces».

Eso lo tengo claro. Que soy del Zaragoza. Y contestar así me va bien, porque, por ahora, el Zaragoza es un equipo simpático, humilde, inofensivo, que no hace daño a nadie y que ayuda a que los campos se llenen cuando juega, porque hay muchos aragoneses esparcidos por España. El día en que el Zaragoza, en un arranque de locura de su junta directiva, se gaste cien millones de euros en fichar a algún señor raro de esos que venden camisetas, tienen una mujer espectacular, hacen mucha publicidad y, si te descuidas, hasta meten un gol de penalti, ese día el Zaragoza empezará a caer peor, porque lo considerarán peligroso. Y, a partir de entonces, yo, si no cambio de gracieta, no caeré tan simpático.

¿DE QUÉ SOY?

Me lo he planteado muchas veces durante esta última temporada. Porque he oído cosas dichas por banqueros capitalistas que me han gustado mucho y luego he hablado con mi amigo el sindicalista peligroso y me ha dicho cosas que me han parecido muy bien. Y he leído la última encíclica del Papa y me ha parecido una obra maestra. Y he leído la cita de Lenin que hizo un presidente autonómico y también me ha gustado. Lo que pasa en este último caso es que el presidente autonómico se equivocó y, como hablaba de memoria, dijo exactamente lo contrario que dijo Lenin.

En resumen: que con tantas conferencias, tantas ideologías y tanto Lenin mal citado, tengo un lío serio.

Pero me he dado cuenta de que no. Que no tengo lío. Que el lío es semántico, o sea, que es un lío de palabras. Que la gente tiene las ideas relativamente claras, con mucha frecuencia. Y que esas ideas pertenecen a una persona, y que la persona tiene mucha más riqueza que las etiquetas con las que pretenden etiquetarnos estos chicos que se dedican a revolver por ahí.

Eso es lo de la visión reduccionista. Es pensar que mi riqueza mental —y la tuya, por supuesto— se puede reducir a una palabra: «Es usted liberal», «Es usted progresista».

Quizá es por culpa de mi abuelo paterno, que hablaba muy claro. Pero cuando oigo esas cosas, me apetece decir: «Eso lo será su padre».

He pensado bastante sobre lo que soy. Se lo digo a mi amigo, que pasa página en su libreta y empieza a escribir en la página en blanco. Veo que pone: «¿Qué es Leopoldo?».

Para contestar(me) esa pregunta, tengo que hacer un esfuerzo, porque nunca me la había planteado. Y recuerdo un artículo que escribí en *elconfidencial.com* hace algún tiempo, porque puede ayudar(me) a aclarar mis ideas.

Allí hablaba de un amigo mío, Paco, que era de izquierdas y que, junto con Pedro, que también era de izquierdas, en los años cincuenta y sesenta hacían cosas de izquierdas: viajaban en un Seat 600 cascajoso, lleno de hojas revolucionarias, que supongo que, si las leyésemos hoy, nos parecerían escritas por una señora anciana de derechas.

Un día hablé con Paco sobre este tema. Le comenté que yo era de derechas y él me preguntó qué opinaba yo sobre distintos temas. Cuando le contesté, me dijo: «¡Pero si tú eres de izquierdas!».

Han pasado unos cuantos años y sigo acordándome de aquello, porque yo, como señor de derechas convertido en señor de izquierdas, no me imaginaba a mí mismo en un Seat 600 lleno de hojas revolucionarias y sin aire acondicionado.

He intentado recordar las preguntas que me hizo Paco y, más o menos, las he reconstruido. Las pongo a continuación para poder contestar a la cuestión que me hace mi amigo de San Quirico: «Pero tú, ¿de qué eres?».

LAS PREGUNTAS

Me parece que Paco me hizo preguntas como «Qué pienso sobre la persona», «Qué pienso sobre la sociedad, que no es más que un conjunto de personas», «Qué pienso sobre el bien común», «Qué pienso de la política», «Qué pienso de la economía», «Qué pienso de la empresa». «Qué pienso de la sociedad civil» y algunas más que seguro que me dejo.

LA PERSONA

Decir que el mundo está lleno de personas no me va a llevar a ganar el premio Nobel.

Pero como hay muchas personas, es fundamental el concepto que yo tenga de lo que es UNA.

Porque si ese concepto es acertado, consideraré a las personas de un modo. Y si ese concepto es desacertado, las consideraré de otro modo. Y además, este segundo modo será peligroso, para las personas y para mí, que, aunque esté equivocado y sea un poco ceporro, no dejo de ser una persona.

A ver si me aclaro con un ejemplo.

Cuando alguien dice que hay que repartir el mismo número de horas de trabajo entre varias personas, porque así habrá trabajo para todos, me parece que ese alguien considera a la persona como una unidad de producción y como *algo* —no alguien— que no aporta a ese trabajo más que su producción.

O sea: yo hago siete mil tornillos. Los hago sin pensar nada y sin aportar nada de mí. Por tanto, mi jefe coge los siete mil tornillos, los divide por dos, llama a otro y hala, a tres mil quinientos tornillos por cabeza. Bueno, por cabeza, no, porque ese señor parte de la base de que los señores de los tornillos no emplean la cabeza para fabricarlos. Más exacto sería decir tres mil quinientos tornillos por unidad de producción, porque se piensa que, en realidad, ninguno aporta nada; solo produce —realmente, la que produce es la máquina, pero ellos aprietan el botón que dice «tornillos».

Pues no. Porque esas unidades de producción se llaman de forma distinta, tienen genios diferentes, están casados, solteros o arrejuntaos, tienen hijos a pesar de que les recomiendan que no los tengan y alguno, hasta pasa alguna vez por una iglesia y entra a rezar, no con mucha frecuencia pero entra, y se queda un rato delante de la Virgen de su pueblo y, en ocasiones, hasta se le escapa una lagrimica.

Por tanto, «si me preguntas —le digo a mi amigo, que no sé si se ha perdido con los tornillos, la Virgen del pueblo y la producción—, te diré que yo estoy seguro de que tú no eres una unidad de producción, porque te he visto pedir jamón ibérico, te he visto discurrir y te he visto mirar con ojos lánguidos a tu mujer, a pesar de que lleváis ya muchos años casados».

Yo estoy firmemente convencido de que el mundo está lleno de personas, pero que cada persona es un mundo.

Cuando digo esta frase, que me parece brillante, pero que juraría que está copiada de algún sitio porque me ha salido muy rápida, lo que quiero decir es que ese ser que trabaja conmigo, o que se cruza por la calle conmigo, o que va en una limusina increíble y bastante hortera, o que me pide limosna o que está tumbado borracho perdido en un banco donde va a pasar la noche, ese es UNA PERSONA, con todos sus derechos y con todas sus obligaciones.

LA REVOLUCIÓN CIVIL Y EL PRIMER ARTÍCULO DE SU CONSTITUCIÓN

Por cierto, aunque no viene a cuento, a partir de ahora hablaré de obligaciones y derechos, por ese orden, porque la REVOLUCIÓN CIVIL, a la que me iré refiriendo en este libro, tiene por primer artículo de su Constitución el siguiente: «Toda persona será sujeto de obligaciones y de derechos».

Y esto es así porque ya estoy cansado de tanto derecho y de tanta gaita. Y quiero que a los chavales se les eduque, primero en sus obligaciones y luego en sus derechos. Alguien me dijo que en la Constitución española hay más artículos dedicados a derechos que a obligaciones. Y si es verdad, así nos va: todos exigiendo y nadie pencando.

Esto es una exageración, pero ya me entendéis. Si nuestra sociedad se sostiene, es porque muchos pencan. El último día antes de las vacaciones de verano, me llamó un empresario joven para despedirse y para desahogarse. Me aseguró: «Me voy con la sensación de haber hecho los deberes. Tengo cuatro líneas de negocio. Lo he pasado mal. Pero las cuatro están funcionando un poco mejor que el año pasado. Y tú sabes lo que me ha costado». De eso estoy hablando. Del señor que, cuando se va de vacaciones, no piensa «me las he ganado», sino «voy a recargar las pilas, que el año que viene lo tengo que hacer mejor».

Pues eso es lo que yo pienso sobre LA PERSONA y eso es lo que me lleva al apartado siguiente.

LA SOCIEDAD

La sociedad no es más que el conjunto de personas. Si hablo de San Quirico, ese conjunto es pequeño —flexible, porque crece los fines de semana y en vacaciones—. Si hablo de la Unión Europea, es mayor. Si hablo del mundo, mayor todavía. Pero el tamaño no importa. Lo que importa es quién forma ese conjunto. Y cuando hay muchas personas juntas, lo que sale no es otra cosa. Lo que sale es un grupo de PERSONAS INDIVIDUALES juntas, que cuando se vayan de viaje, cada una por su lado, se convertirán en un grupo de PERSONAS INDIVIDUALES separadas, tan personas y tan individuales como antes.

Por tanto, cuando un político, un agitador, un predicador o un charlatán de feria sube a un escenario más o menos importante, mejor que decir «¡cuánta gente!», es pensar «¡cuántas personas individuales!».

Porque si ves *gente,* tienes el peligro de considerar «aquello» como algo amorfo. Y si ves personas, como una sonríe, otra se duerme y otra está absolutamente distraída, te das cuenta de que allí hay algo muy serio, no solo número de votos o número de posibles aplaudidores, sino personas con su cuerpo y con su alma.

Hace poco di una conferencia en un auditorio en el que había mucha gente. Me pusieron unos focos muy potentes y solo veía a los de primera fila. Y, además, los veía mal. No me gustó nada, porque tuve la sensación de que hablaba a la «masa», no a las personas. Por eso me lo pasé tan bien cuando, al acabar la conferencia, muchos de la «masa» se convirtieron en personas que querían hacerse una foto conmigo.

5
DESAYUNO SIN LIBRETA

Hasta aquí hemos llegado al cabo de tres desayunos, en los que mi amigo ha ido tomando notas. El camarero nos mira con disimulo, porque ve que hemos cambiado de método. Ya no usamos servilletas, aunque yo, de vez en cuando, apunto algo en alguna, para que no se me olvide. Mi amigo escribe bastante en la libreta. Va poniendo REUNIÓN N.º 2 CON LEOPOLDO, REUNIÓN N.º 3 CON LEOPOLDO.

Hoy tocaría la cuatro, pero viene sin libreta, porque dice que quiere hablar. Que hay cosas que le han hecho pensar, y que si escribe, se distrae y no piensa —a mí me suele pasar al revés.

Dice que lo de *persona* y *masa* le ha impresionado y que parece ser que hay quienes ven masas y que a esos les gusta lo de las masas porque las ven más manipulables. Mi amigo opina que cuando baja a Barcelona encuentra grupos de chavales que, como van en grupo, gritan y hacen un poco el bestia. Y que él, un día, en un grupo de esos, vio a un chaval fino y educado, hijo de unos amigos suyos finos y educados y que, seguramente por haberse convertido durante un rato en *masa,* se dedicaba a berrear y a molestar a la gente.

También me dice que la lata de cerveza que llevaba el niño y de la que iba bebiendo y que daba la impresión de que no era la primera de la noche y, aun peor, que no sería la última, quizá estaba ayudando a esa conversión de persona en masa.

Y que, cuando ve una masa, piensa que esa masa votará por quien diga el jefe de la masa, que puede ser que no sea el más listo, pero quizá es el más burro o el que chilla más que los demás.

Y me dice mi amigo que el primer paso de la revolución civil que estamos planteando —lo del «estamos» es nuevo— consiste en convencer a cada uno de los masificados/as de que, hace un tiempo, él/ella era un/a mozo/a que discurría por su cuenta y que, cuando alguien le obligaba a hacer algo, «porque lo hacen todos/as», le molestaba. Y que ahora, con las cervezas, los cánticos regionales y el atrevimiento que da el ir en grupo, se han vuelto muy borricos y, además, masificados. Porque —sigue diciendo mi amigo, que cuando se pone a hablar no hay quien le pare— él prefiere un burro individual que suelta coces porque le da la gana y cuando le da la gana, que un burro masificado que rebuzna cuando rebuzna el jefe y da coces cuando se lo manda el citado jefe, en un descanso de los rebuznos.

Como al principio decidimos seguir profundizando y evitar etiquetarnos, no le digo que es un *liberal peligroso* y prefiero callarme y dar por acabado el desayuno, porque de ahí a decir eso de «¡cómo está la juventud!» va un paso. Y no quiero darlo. Porque es falso.

6
EL BIEN COMÚN

Han pasado unos días. Llamo a mi amigo, porque tengo que darle deberes. Como él habla de la revolución civil que ESTAMOS haciendo, pues que trabaje. No vaya a ser que el único que discurra sea yo y la gloria nos la llevemos los dos.

Mi amigo no está en casa. Hablo con su mujer y le doy el encargo de que le diga que piense qué es eso del bien común.

La mujer de mi amigo es muy lista, y esas preguntas le parecen tan elementales que se ríe y me dice: «Pero ¿todavía estáis en esas cosas? Yo pensaba que habíais adelantado más». Y como su marido le ha debido de contar lo de la revolución civil, y lo de mis amigos de izquierdas —Paco y Pedro— que querían echar a Franco, me comenta: «A este paso, para cuando vosotros hagáis la revolución civil, os habréis muerto de viejos».

Como es muy amable, me asegura que, de todos modos, se lo dirá a su marido.

Mi secreta esperanza está en que, además, le diga lo que es el bien común, porque así nos ahorramos tiempo y podemos hacer la revolución civil cuando todavía estemos con una cierta capacidad de discurrir.

DESAYUNO IMPORTANTE

Mi amigo viene preparado y serio. Se ve que su mujer le ha hablado de que estamos gastando demasiado en desayunos y que no se ven los frutos. Supongo que también le ha dicho que le parece que, con lo del nuevo campo del Español, se está distrayendo y no se ocupa con seriedad de las cosas de la patria.

Para romper el hielo, digo que alguien me habló de que el bien común tenía dos características: que era «bien» y que era «común».

La mirada de mi amigo es todo un poema, mezcla de desilusión, de desprecio, de pensar que como un día él cuente por ahí mis brillantes intervenciones en los desayunos, se acabó de repente mi fama y vuelvo a ser el perfecto desconocido que era hace poco tiempo.

Por mi parte, ya comprendo que, si me quedo con esta definición de bien común, alguien me dirá que es insuficiente. Y ese alguien me dirá eso si es educado, porque si no lo es, quizá oiré cosas peores.

Lo que pasa es que yo pienso que si no hay masas, sino personas, y esas personas son eso, PERSONAS, el bien común es el bien de todas esas personas. No digo DE ESOS VOTANTES. Digo DE ESAS PERSONAS. Distinción que me parece fundamental.

O sea, que si veo a una persona y le deseo el bien, cuando veo muchas personas les deseo también el bien. Pues eso es el bien común.

¿Y qué es el bien de una persona? En primer lugar, todo lo que podamos hacer para que esa persona sea eso: PERSONA.

Y si eso no le gusta a alguien, pues no pasa nada. Ejemplos:

1. Si yo sé que es un bien para una persona el que sepa leer y escribir, y a alguien no le gusta, le diré que no aplauda, pero que voy a seguir adelante con lo de enseñar al que no sabe.
2. Si yo sé que es un bien para una persona el que se alimente dignamente, y a alguien no le gusta, pues ya sabéis lo que haré: darle de comer.
3. Si yo sé que es mejor enseñarle a pescar que darle un pescado —frase que no tiene en sí ninguna novedad—, pues buscaré alguien que le enseñe a pescar, porque yo no sé y he tenido la suerte de que mis padres me dieran el pescado sin tener que aprender a pescarlo —además, como, en general, el pescado no me gusta, sería mal maestro.
4. Si yo sé que es bueno que la persona tenga libertad, lucharé con uñas y dientes para que esa persona y los que le rodean sean libres, y haré todo lo que pueda para evitar que cualquier dictadorcete democrático —que son los peores— le vaya poniendo trabas en su vida, bajo pretexto de que así le protege.
5. Si yo sé que es bueno que los niños nazcan, no haré el más mínimo caso a un politiquillo que diga que

«negarse a interrumpir embarazos es desobediencia civil». Mejor dicho, SÍ que le haré caso y le DESOBEDECERÉ CIVILIZADAMENTE —por cierto, ¿quién se habrá creído este señor que es?

6. Si yo sé que es bueno que las personas sean responsables, procuraré evitar todo lo que conduzca a que las personas individuales, esas con cara y ojos, se conviertan en una manada de borregos, bajo el silbato de ese que, democráticamente por supuesto, ha decidido erigirse en salvador de las gentes.
7. Si yo sé que es bueno no mentir a esas personas, y que si les miento les quito la libertad, porque elegirán en función de algo falso que les habré contado yo con cara muy seria, procuraré no mentirles.
8. Si yo sé que es bueno que las personas cumplan con sus obligaciones y se respeten sus derechos, haré todo lo posible para que haya un sistema en el que se garanticen los derechos y se hagan cumplir las obligaciones.

Mi amigo no para de escribir. Le he impresionado, no sé si a favor o en contra. Pero es que esto del bien común me parece muy sencillo. Me parece —bueno, estoy convencido— que no hay un bien común cuando llegan los conservadores, y otro cuando llegan los progresistas. Y, aunque no viene a cuento, aprovecho esta ocasión para pedir a Dios que nos libre de los conservadores que se dicen conservadores y de los progresistas que se dicen progresistas, porque a mí unos y otros me parecen unos cantamañanas. *Singer morning,* les llama un amigo mío que también estuvo en Harvard.

Acabamos el desayuno, esta vez con Cardhu. Pago —hoy me toca a mí—, mi amigo recoge sus papeles, yo me guardo tres servilletas en las que he apuntado cosas y nos vamos.

Mi amigo me acompaña hasta el coche. Y, mientras vamos, me dice: «Esto del bien común es muy serio. Y difícil de conseguir, porque nunca podremos decir que ya está. Y, además, con lo de la globalización esa que te gusta tanto, ¿me tengo que preocupar del bien común de todo el mundo?».

Un embajador español me habló de algo parecido hace algunos meses. No se lo comento a mi amigo porque ya le conozco: llegará a su casa diciendo: «El embajador y yo pensamos...».

Me callo, pero pienso que esto del bien común hay que afrontarlo con sentido común. Y el sentido común, como su mismo nombre indica, es común para el embajador y para mi amigo de San Quirico. Y no se conocen. Y no han ido al mismo colegio. Pero piensan lo mismo. ¡Qué cosas pasan!

7
La política

A mi amigo le gustó lo del bien común. Y me da la impresión de que a su mujer también. Porque la que llama esta vez es ella, para preguntar si puede venir al próximo desayuno.

Le digo que sí, por educación. En el fondo no me hace gracia que venga nadie más, ni la mujer de mi amigo, ni mi mujer, ni ningún otro.

Y no es porque tenga manías. Es porque me parece que discurrimos bien cuando estamos los dos solos. Y no sé cómo discurriremos cuando el número aumente.

Ella desayuna menos que nosotros. Quiere un café con leche y unas tostadas con mantequilla. Nosotros, fieles a la tradición, atacamos con gran entusiasmo el bocadillo de jamón ibérico y el vino tinto.

Como la mujer de mi amigo es muy educada, nos da explicaciones de su interés por estar en el desayuno. Dice que no ha venido para vigilarnos, porque ya sabe que somos de fiar. Pero es que no ha podido resistir la tentación y ha leído los apuntes de mi amigo. Este es uno de los inconvenientes de no usar servilletas. En la libreta las cosas quedan mucho más claras y las puede leer cualquiera.

Y, al leer los apuntes, ha visto que el próximo tema era «la política» y que eso no se lo quiere perder, porque es una cosa que le preocupa mucho. Dice que a ella, de pequeña, sus padres le decían que no se metiera nunca en política, que solo le daría disgustos. Dice que, además, con los casos de corrupción que lee, como es decente, sería como una mosca en un plato de leche. Dice que «esta gente» son unos impresentables y que ella ha visto ahora que los de un partido que le caía bien son tan impresentables como los demás. Y eso que es un partido de mucha tradición en la comarca, «de los de toda la vida».

Mientras ella habla, su café con leche se enfría y nosotros acabamos el bocadillo y media botella de vino. Y se calla y se pone a desayunar y nos mira como diciendo: «A ver qué decís».

Mi amigo pide dos Cardhus y me hace seña de que ya puedo empezar.

Y digo que esto de la política para mí es muy simple. Y que voy a comenzar diciendo lo que NO es la política:

La política NO es el arte de conquistar el poder. Por tanto, el buen político NO se mide por su capacidad de ganar elecciones.

La política NO es el arte de mantenerse aferrado al poder, diciendo: «De aquí me sacan con los pies por delante».

Como consecuencia, la política NO es el arte de eternizarse en el poder, tú mismo, o los de tu partido o tus parientes o tus conocidos o los chicos de tu colegio.

Por supuesto, la política NO es el arte de hacer dinero, y de hacerlo rápidamente, porque «esto se acaba y hay que aprovechar».

La política NO es el arte de mentir al personal.

La política NO es el arte de decir al personal lo que el personal quiere oír.

La política NO consiste en estudiar continuamente las encuestas de intención de voto, para virar en cada momento según ME convenga y asegurarme el puesto. (Virar = decir hoy *blanco* y mañana *negro,* sin que se me altere un solo músculo de la cara).

Y cuando estoy embalado, ella me corta: «Y entonces, ¿qué es la política?». Mientras intento recuperarme del frenazo, sigo:

La política ES luchar por conseguir el bien común.

La política ES el arte de conseguir sacar lo mejor que la gente —formada por PERSONAS— lleva dentro, que es MUCHO.

La política ES el arte de decir las verdades a esas personas, pase lo que pase.

La política ES el arte de animar a las personas de la nación, diciéndoles la verdad y huyendo de animar al estilo *mayorette,* con frases como «Somos los mejores», «Estados Unidos a nuestro lado es una filfa», «Hala, que les ganaremos a todos», «El G-20 se debería llamar G-1 —nosotros— + 19», etc.

La política ES el arte de exigir a las personas.

La política ES ser modelo de exigencia para que cuando se exija a las personas, ellas vean que los políticos son los primeros en dar ejemplo.

La política no es más que un encargo temporal que las personas que constituyen la sociedad dan a otras para que administren la cosa pública. Esto trae como consecuencia que esas personas que tienen ese encargo no son una clase aparte. Son unos señores que llevan a cabo el encargo que se les dio y que, cuando lo acaban, en vez de intentar perpetuarse en su encargo temporal —con la intención de que pase a ser encargo eterno—, se van a su casa, se toman un mes de vacaciones y a trabajar en otra cosa. O a buscar empleo.

Y la mujer de mi amigo me vuelve a cortar y dice: «Has dicho no sé cuántas veces que la política es un arte. Entonces, lo de los tecnócratas no te gustará, supongo». Y le digo:

1. Que si al competente le llaman tecnócrata, me gustan los tecnócratas.
2. Que si ese competente se cree que todo se arregla con medidas técnicas —lo que los cursis llamarían *mecanicistas*—, es que es un incompetente.

Tenemos el Cardhu a medias. La mujer de mi amigo ha acabado de desayunar. El tema de la política no da para más en este desayuno. Dará para más, para mucho más, en lo sucesivo. Pero hoy no toca.

8
La economía

Hace poco, la gente no hablaba de economía. Mejor dicho, no hablaba de lo que algunos dicen que es la economía. Pero hablaban. Cuando una señora le dice a su marido que no llega a fin de mes, está hablando de economía. Cuando el marido le dice a su mujer que le han subido el sueldo y que, con lo que gana ella, ahora podrán comprarse el sofá que necesitaban, están hablando de economía.

Lo que pasa es que con el lío que han armado las entidades financieras en el mundo y con las explicaciones a toro pasado que han dado los economistas de todo lo que ha ocurrido, la gente se ha enterado de que hay unos señores por ahí que dicen cosas extrañas, que aciertan con poca frecuencia y que hablan en un idioma raro.

Y ya no digamos cuando dicen que la crisis ha llegado a la economía real, lo que lleva a pensar que «la otra» es irreal. Y lo irreal a mí me suena a Harry Potter, o sea, a algo extraño que sucede en un mundo de misterio, lleno de personajes atrabiliarios, que, según la Real Academia

Española, son los «pertenecientes o relativos a la atrabilis», que nadie sabe qué quiere decir, pero seguro que nada bueno.

Ahora todo el mundo habla de economía. Y hacerlo es preguntarse cosas muy sencillas. Preguntas como las siguientes:

1. Cuando dicen que nos podemos endeudar más y lo presentan como una buena noticia, ¿de verdad es una buena noticia? Porque en mi casa, cuando yo me iba endeudando cada vez más para poder pagar los recibos de los colegios de mis hijos, lo considerábamos una salida a la desesperada, pero nunca una buena noticia.
2. Cuando hablan de recuperación, a la vez que hablan de más de cuatro millones de parados, ¿de verdad hay recuperación? Porque no sé con qué cara se puede decir a esos parados que hay recuperación. Bueno, sí que lo sé, porque he hablado con personas de alguna asociación de parados y echaban humo.
3. Cuando hoy hablan de cuatro millones cien mil parados y mañana dicen que el número de parados es de tres millones y medio, ¿es que son una maravilla de gobernantes o es que han cambiado el método para contar los parados?
4. Cuando se gasta más de lo que se ingresa —o sea, lo que se llama déficit—, en mi casa es una mala noticia. Y supongo que en la casa de todos —España— debe ser mala también. Y esta gente habla de déficit con una tranquilidad pasmosa.

5. Cuando las Comunidades Autónomas tiran y tiran de la Caja —¿de qué caja?— y dicen triunfalmente que han conseguido un buen acuerdo de financiación, que no se sabe en qué consiste, pero que les ha dejado a todos muy contentos de sí mismos, aunque hay quien dice que la suma de todo lo comprometido es mayor que el dinero que hay, los que no sabemos de economía podemos pensar que aquí hay una cuadrilla de señores que son muy peligrosos.
6. Y cuando un señor de un partido de la oposición dice que una deuda que llaman histórica —no sé de qué historia es la deuda— la quiere cobrar en efectivo, yo digo: «¡Yo también!». Lo que pasa es que, una vez dichas estas dos insensateces —la suya y la mía—, nos tendrían que pagar un hotel de lujo a los dos lejos de España, en algún hotel de alguna cadena española, y tenernos allí una temporada larga a cargo de los Presupuestos Generales del Estado, porque aquí somos dos peligros públicos, él y yo. Y esto no sería enviarnos al exilio. Sería decirnos: «Por favor, discurran con la cabeza. Y cuando les hagamos un examen y veamos que discurren bien, les traeremos a casa de vuelta en *business*».

Mi amigo de San Quirico me dice que él conoce un maestro viejo de un pueblo de aquí cerca que se podía encargar de hacer ese examen. Que el maestro es un señor que nunca ha salido de su pueblo y que si le mandásemos unos días a ese hotel de lujo, con su mujer, se lo pasaría bien y haría un examen perfectamente equilibrado.

Y que, como ese maestro es honrado, no gastaría ni un céntimo que no fuese necesario, sobre todo sabiendo que ese céntimo saldría de los Presupuestos Generales del Estado. Y mi amigo recuerda, de alguna servilleta vieja, que esos Presupuestos dicen el dinero que va a ingresar el Estado y el que va a gastar.

Y recuerda también que, en lo que el Estado va a ingresar hay una partida que a él le preocupa mucho, que son los impuestos. Y dice mi amigo que cada locura de «estos» se puede pagar de muchas maneras, pero que, al final, «lo acabaremos pagando los de siempre».

Esta frase me suena, porque la he oído muchas veces en estos últimos meses. La gente se considera «los de siempre». Y piensa que «los de alguna vez», o sea, esos que están una temporada en un puesto y otra en otro y cuando no tienen el puesto conspiran para tener otro puesto aunque sea con un ligero o no tan ligero cambio de chaqueta, están en un mundo distinto del mundo de «los de siempre».

Y pienso que eso de la revolución civil consiste simplemente en que los de siempre nos demos cuenta de que somos muchos más que «los de temporada», que así se llaman también «los de alguna vez».

9
LA DEMOCRACIA

Según el *Diccionario de la Real Academia Española,* al que acudo con frecuencia porque me parece que es la máxima autoridad en estas cosas y porque, además, lo publica mi editorial, la democracia es «una doctrina política favorable a la intervención del pueblo en el Gobierno». También dice que es «el predominio del pueblo en el gobierno político del Estado».

Y yo pienso que si el pueblo está compuesto por «los de siempre» y por «los de temporada» y «los de siempre» somos más que «los de temporada», no acabo de entender lo del predominio del pueblo, a no ser que todos «los de temporada» sean del mismo pueblo y la definición de democracia se refiera a ese pueblo.

Mi amigo está muy interesado. Dice que todo esto ya lo había pensado él. Y supongo que no somos los únicos que hemos pensado cosas parecidas.

Como le veo pensativo, remato, porque sé que con este hombre hay que aprovechar las —supuestas— posiciones de superioridad, que no son muy frecuentes. Y le digo que ya sé que «el pueblo» *está representado* por los partidos políticos, pero que mi experiencia es que, hasta ahora, yo he votado por un partido que NO me representa. Y cuando hablo con gente que vota a ese partido y con gente que vota a otros partidos y con gente que no vota y con gente que vota en blanco, pienso que estos señores que gritan NO representan a nadie. Bueno, esto es una exageración. Se representan a ellos y a algunos más. Pero no a muchos.

Como siempre, en el momento en que estoy más exaltado, mi amigo me hace una pregunta, que me deja absolutamente descolocado. Me dice: «¿Te gusta la Fórmula 1?».

Le respondo que no mucho, que a la que le gusta de verdad es a mi mujer, que se sabe de memoria los nombres, las marcas, los tiempos y los puntos de cada uno de los corredores. No le digo que le pasa lo mismo con el tenis, para no dar pie a que mi amigo me haga un *passing shot* que me ponga definitivamente en fuera de juego.

Tímidamente le pregunto: «Y eso, ¿a qué viene?». Y él, con esa medio sonrisa de superioridad que tanto me molesta, responde: «Lo sabrás a su debido tiempo».

Pues nada, a esperar.

10
LOS DESAYUNOS SIGUEN. HOY TOCA HABLAR DE LA EMPRESA

A mi amigo no hay quien lo pare. Dice que ya que nos hemos metido por este camino —camino que, por cierto, no sé dónde conduce—, hay que seguir hasta el final —final, que, por cierto, tampoco sé cuál será.

Y que ahora toca hablar de la empresa y que, de eso, él sabe más que yo. Le digo que he sido profesor de eso durante muchos años y, cambiando la mirada, que pasa de superioridad a desprecio displicente, me asegura: «Bah, teorías. Ya me gustaría ver a los listos del IESE en mi empresa». No le contesto nada, porque, en el fondo, pienso que a mí también me gustaría. Lo que pasa es que, como les quiero tanto a los del IESE, no lo digo.

Mi amigo abre la libreta, que, ¡horror!, está llena de apuntes, páginas y páginas. Como ve mi cara, mi amigo dice: «No te preocupes. Te haré un breve resumen». Y empieza.

Me dice que, «como tú muy bien dices», la empresa es un conjunto de personas. —Lo del «como tú muy bien dices» me da miedo, porque, normalmente, estas alabanzas encierran una trampa. Un abogado amigo mío me contó hace poco lo que se divirtió cuando descubrió que en la sentencia que presentaba el abogado rival y que desmontaba toda la tesis de mi amigo, solo faltaba un párrafo, que era el que hundía totalmente al abogado rival. Mi amigo abogado se dirigió al tribunal diciendo que ya que el abogado rival había hecho referencia a una determinada sentencia, habría sido una descortesía por su parte no habérsela leído. Y que, curiosamente, al leerla, había descubierto que, sin duda, por un error de transcripción, nunca por mala intención, Dios no lo quiera, los otros se habían comido el párrafo que no les favorecía. Mi amigo abogado me dijo que miró de reojo al abogado contrario, que pasó en un instante de una actitud de rozagante pavo real a una de pollo famélico sin plumas.

Mi vecino sigue hablando y me explica que ha dado un paso más. Está convencido de que la empresa es una cosa —nunca ha sido muy preciso:

1. creada por una persona que tuvo la idea de fabricar un chisme o dar un servicio que le pareció que podía interesar a la gente;
2. que convenció a otras personas para que pusieran dinero, porque él no tenía el que hacía falta;
3. que luego contrataron a otras personas para que trabajaran a diario en esa empresa, porque los que habían puesto el dinero no sabían nada de aquello y, por tanto, eran incompetentes y el que había tenido la idea era incapaz de llevarla a la práctica solo;
4. que, cuando empezaron, se dieron cuenta de que necesitaban comprar materias primas y se las com-

praron a varias empresas creadas por personas, en las que otras personas habían puesto dinero, otras personas trabajaban dirigiendo y otras trabajaban haciendo aquello;

5. que una de las materias primas era el dinero. Por eso fueron a una empresa a la que le llamaban banco o caja de ahorros, creada por una persona, en la que pusieron dinero otras personas, etc. Y ese banco o esa caja les dejó dinero. Lo de «dejar» quiere decir que tenían que devolverlo al cabo de un tiempo. Por eso a mi amigo le gusta más decir que el banco o la caja les *alquiló* el dinero durante una temporada, cobrándoles el alquiler en forma de intereses, comisiones y otras gabelas;
6. que, cuando fabricaron los chismes, se los vendieron a unas tiendas que, en realidad, no eran más que otras empresas en las que se había producido el mismo ciclo —el que tuvo la idea, el que puso las *perras,* etc.;
7. que esas tiendas vendieron esos chismes a personas que pasaban por la calle. Y esas personas las compraron porque pensaron que esos chismes les irían bien.

Entonces, mi amigo dice: «Personas, personas, personas —y continúa—: Si todo son personas, ¿por qué se organizan los ciscos que se organizan? ¿Se les ha olvidado que son personas? ¿Por qué unos piensan que el que ha tenido la idea y el que se está jugando su dinero es "un depredador carroñero que suele unirse al gran depredador que es la Banca"?». Mi amigo se para y dice: «sic». Y entiendo yo que el «sic» quiere decir que lo ha copiado de algún sitio donde alguien —una persona, por cierto— lo ha escrito.

Animado por el «sic», asevera: «¿Por qué los que trabajan se consideran a sí mismos como "mamíferos muy numerosos, los más pacíficos, que suelen estar encerrados durante muchas horas al día trabajando para los depredadores, los cuales les dan de comer una mínima parte de lo que producen"?».

Se pone de pie, y dice: «¡SIC!».

Y, como decía mi amigo Federico, cuando tenía ganas de liarla, me comenta: «Ahí lo dejo, para el debate».

Y se va y me quedo solo en el bar. Pido un café solo, corto, amargo, que es como me gusta de verdad. Hoy no hace mucho calor. Por la ventana abierta entra un airecillo muy agradable. Me quedo trabajando un rato. El camarero, que, quieras que no, ha oído bastante de la conversación, me trae un paquete de servilletas y un boli. Y me dice en voz baja: «Por si lo necesita». Y se va. Pero no se va, porque vuelve. Y en voz más baja, me dice: «Perdone, pero su amigo tiene algo de razón. Debería usted pensar en lo que le ha dicho».

Ahora me siento cargado con la responsabilidad social. Mientras discuto con mi amigo, no pasa nada. No hacemos daño a nadie, como dicen muchos para justificar comportamientos incorrectos. Pero cuando el camarero está esperando que yo diga algo y, peor todavía, cuando esta noche se lo diga a su mujer y, peor todavía, cuando su mujer, que es muy maja, lo comente mañana en el súper, la cosa se me complica. Y me da miedo ir por el pueblo y que la gente me mire con cara de decir: «Sí, sí, muy famosillo, pero no se le ocurre nada».

11
PERO YO, ¿DE QUÉ SOY?

Con tanto lío y tanto desayuno, casi se me ha olvidado que todo empezó cuando mi amigo me preguntó: «Pero tú, ¿de qué eres?».

Y creo que si yo, que no soy NADIE en política, para contestar *qué soy* necesito páginas y páginas, es difícil pensar que los que son ALGUIEN lo resuelvan todo con una palabra: progresista, conservador, retrógrado, avanzado. O con dos palabras: de derechas, de izquierdas, de centro. O con tres: de centro derecha, de centro izquierda, etc.

Sigo pensando que todas estas palabras están más anticuadas que *La rosa del azafrán,* que es una zarzuela de hace cien años. Pienso, además, que los que dicen estas palabras ponen cara de modernos. Pienso que de modernos, nada, y que están más anticuados que la citada rosa. Y para acabar, pienso que si yo no soy NADIE en política, igual es que ellos/as tampoco son NADIE. Y, por un lado, me entra un cierto complejo de superioridad y, por otro, me echo a temblar al ver qué tipo de gente está o quiere estar por ahí arriba.

Aquí quiero hacer notar que no he dicho algo que he oído frecuentemente durante estos últimos meses: «¡En qué manos estamos!». No lo he dicho porque SIEMPRE he creído que estamos en NUESTRAS manos, no en las de esos/as señores/as.

Todo esto lo he pensado en el bar. He acabado el café solo, corto y amargo tranquilamente. Digo «tranquilamente», porque estos días de agosto nuestra casa de San Quirico está menos tranquila. La casa grande que hicimos para que la familia cupiera, se nos ha quedado pequeña. Hoy tenemos en casa cuatro hijos con sus cónyuges más once niños; el mayor, de nueve años. Para evitar la soledad, un hijo mío, que veranea en Menorca, nos ha pedido que le cuidemos una perrita muy maja. Esto hace que ahora, el número de seres vivos, como diría alguna política de pro, es de veintitrés. ¡Y no sabéis lo que comen!

Por todo ello, en el bar discurro mejor.

Llego a casa. El petirrojo sigue sin aparecer. Hay unas cuantas palomas torcaces en nuestro jardín. Me parece que las palomas no comen petirrojos, pero estas están muy gordas.

12
CENA DE MATRIMONIOS

El sábado, a la salida de misa de ocho de la tarde, veo que mi mujer está hablando con la mujer de mi amigo. Me quedo con un grupo, donde está mi amigo.

Las dos mujeres hablan y hablan. Yo diría que están como un poco acaloradas.

En un momento determinado, vienen las dos juntas, y nosotros dejamos el corro de amigos porque se ve que estas chicas tienen algo importante que decirnos.

Quieren que las invitemos a cenar.

En principio, la cosa parece inofensiva, pero nunca hay que fiarse. Llamamos a Jaume, al restaurante de siempre. Me guarda una mesa para cuatro, aunque hoy andan apurados de sitio. Hoy y siempre, porque no sé por qué razón, siempre están llenos. Bueno, sí que sé por qué razón: porque lo hacen muy bien y con mucho cariño.

Y allá vamos. No nos sentamos como mandan los cánones de educación —chico-chica-chico-chica—. Hoy es chica-chica y chico-chico, lo cual me hace pensar que estas vienen con malas intenciones y quieren actuar en equipo.

Pedimos tres gin-tonic, con ginebra Hendrick's, pepino y tónica Fever-Tree. Es uno de los descubrimientos que mi hijo Gonzalo y yo hemos hecho en esta temporada de andanzas por España y por fuera de España.

Mi mujer pide un Bloody Mary, porque es lo que le gusta. Cuando nos conocimos, pedía Gin Fizz. Esta chica siempre ha sido muy progre.

Mi amigo y yo estamos callados, porque pensamos —sabemos— que nuestras mujeres quieren decirnos algo.

¡Y tanto! Toma la palabra la mujer de mi amigo y dice que las dos quieren que les hagamos un resumen de lo que hemos hablado durante los desayunos de este verano.

Mi amigo se levanta, dice que vuelve en un momento y se va. Menos mal que ya han servido los gin-tonic, porque así me animo y no pienso: «Este tío me ha dejado solo».

No me había dejado solo. Había ido al coche a traer la libreta. Por lo que se ve, no va a ningún sitio sin ella.

Pedimos la cena. Para beber, por ahora agua, porque con el gin-tonic ya tenemos bastante y hay que conducir.

Mi amigo abre la libreta y empieza a leer. Pero no hace resumen. No. Lo lee TODO.

Nuestras mujeres están calladas y yo también. Ellas, con cara de «veamos en qué pierden el tiempo estos» y yo, con cara de «veamos cómo reaccionan estas».

Mi amigo sigue leyendo durante todo el primer plato —los cuatro hemos pedido tomàquets de Montserrat amb pernil d'aglà, o sea, tomates riquísimos con jamón de bellota—. Lee con cierta entonación, como si todo se le hubiera ocurrido a él.

En el segundo plato hay variedad de gustos. Yo he pedido una esparrecada —alubias, butifarra y boletus, o sea, setas, en trocitos pequeños— y los demás, cosas muy buenas también. Mi amigo pide algo muy ligero. No sé si es porque no puede leer y comer a un tiempo o porque nuestras mujeres le dan miedo y el miedo le ha hecho un nudo en el estómago.

Ha llegado el postre. Zumo de naranja para mi mujer y para la de mi amigo, un carajillo para él y un cortado descafeinado para mí.

Mi amigo está acabando de leer. Yo no he abierto la boca en toda la cena. Las mujeres, tampoco. Alguien puede pensar que menudo rollo de cena. Pues es verdad. Además, como en este restaurante nos conocemos todos, la gente nos va saludando. Unos se acercan, otros sonríen al pasar. Pero nosotros cuatro procuramos no perder la concentración.

Al acabar el informe de mi amigo, las mujeres se miran. La de mi amigo le comenta a la mía: «¿Ves? Lo que nos temíamos. Todo teoría. Estos son capaces de pasarse el año hablando, sin hacer nada. Luego tu marido se dedicará a dar conferencias y a escribir otro libro, y nada más. Y eso que dicen que les preocupa —la patria, el bien común y esas cosas—, NADA DE NADA. Porque si les preocupase, HARÍAN ALGO».

Acabamos la cena como podemos. Pago yo. Al salir, mi amigo me dice: «Ya te pagaré lo nuestro, porque, con el chorreo que nos hemos llevado, lo correcto es que paguemos mitad y mitad. —Y añade—: Tendremos que desayunar pronto».

13
HAY QUE HACER ALGO

Es la primera vez que me da pereza ir a desayunar con mi amigo, pero mi mujer me dice al día siguiente: «¿Cuándo vais a ir?». O sea, parece que es urgente.

Vamos a los dos días. Mi amigo, con su libreta, empieza preguntando: «Y ahora, ¿qué hacemos?». Y luego, añade: «Imagínate que tú y yo fuéramos copresidentes de esta nación. Que aquello que un día pusieron en un mensaje en un programa de televisión, "Leopoldo for President", fuera "Leopoldo and his friend for Presidents"».

No puedo evitarlo, pero este hombre me sigue admirando, porque, de vez en cuando, se pasa al inglés. Yo creo que no ha salido de su pueblo en la vida. Sé que va los veranos a Salou, pero me parece que a Salou va mucha gente de Zaragoza y con ellos no podrá hablar inglés.

Me acuerdo de otro día en *Espejo público,* en el que Susanna Griso llevó a una señora superdotada, a un señor que tenía muchos empleos y a mí, y nos hizo la pregunta: «Si mañana le hicieran presidente, ¿qué haría usted?». —Pregunta que demuestra un cierto grado de imprudencia cariñosa por parte de Susanna, no comparable, por supuesto, con el de alguien que me preguntó qué haría si mañana me hicieran presidente del mundo.

Y me acuerdo —no sé si viene a cuento— de un periodista que me pidió consejo para unos políticos, y le contesté: «Que recen». Y el periodista afirma: «¡Pero si son ateos!».

Mi amigo pone cara solemne y me dice: «¿Te acuerdas cuando te pregunté si te gustaba la Fórmula 1?».

El *safety car*

Me acuerdo, sí, pero no sé a qué viene la pregunta. Mi amigo, que lo tiene muy pensado, abre la libreta y lee.

Dice que, en las carreras de Fórmula 1, cuando pasa algo —un accidente o lo que sea— sale el *safety car* —mi amigo lo pronuncia correctamente: *seifty caar*—, se pone delante de los coches y no les deja correr. Esos coches no pueden pasarse mientras el *safety car* está en la pista. Van detrás de él en el orden en que iban. El *safety car* da una serie de vueltas y, cuando las cosas se han normalizado, se va de la pista y todos los demás coches se ponen a correr como antes.

«Pues, Leopoldo, tú y yo deberíamos ser el *safety car* de España durante unas cuantas vueltas».

Yo, en la vida, he hecho muchos planes de futuro. Unos han salido, otros no, unos han aparecido sin esperarlos, etc. Lo que le pasa normalmente a la gente.

Pero OS PUEDO ASEGURAR con el corazón en la mano que, entre esos planes, NUNCA estuvo el de ser *safety car,* ni solo ni acompañado.

Y, además, como no sé qué se le ha ocurrido a mi amigo, espero a que siga leyendo, porque este tío ha trabajado, y mucho.

Empieza diciendo que en España ha habido un accidente, y que el accidente ha sido gordo. Dice que él ya se lo sospechaba, pero que, al oír lo que me ha dicho la gente, está seguro. Y empieza a describir lo que él llama «el accidente».

EL ACCIDENTE

Dice que el accidente ha ocurrido estos últimos años. Y que en él ha habido muchos coches involucrados. Y, sobre todo, muchos conductores, que han demostrado —que están demostrando— que de conducir, nada.

Y que esto va para los conductores que corren, para los que quieren correr, para los suplentes y para todos los del equipo, hasta el que aprieta el último tornillo de las ruedas. A mí me parece mucha gente, pero mi amigo es así. Es de los de «todo o nada».

Dice que estos conductores —o lo que sea— se caracterizan, en primer lugar, por tener unas ideologías de aquellas del siglo XIX, en las que tú eras de derechas, o sea, eras rico e ibas a misa, y yo era de izquierdas, o sea, era pobre y odiaba a los curas.

Dice que cree que esas ideologías no fueron buenas nunca, pero que ahora seguro que son malas, requetemalas, trasnochadas, pobres y absolutamente inútiles. Y añade: «Y no digo que están obsoletas, porque es un término que no acabo de entender y prefiero que lo utilices tú».

Afirma que, por eso, cuando va a misa uno de izquierdas, los de derechas se escandalizan y cuando uno de derechas toma copas con uno de izquierdas, los de izquierdas y los de derechas también se escandalizan y, además, piensan que se han comprado mutuamente.

Como parece, además, que las compras suelen ser baratas, pues peor. Y dice lo de la baratez porque cuando oye las acusaciones que se echan unos y otros por latas de anchoas, trajes de Milano y bolsos, seguramente falsos, de Vuitton, le entra la risa. Pero como eso sucede en su patria, y recalca lo de SU PATRIA, le da coraje y coge unos calentones de órdago.

Dice que está hasta las narices de que haya que ser progresista, y que no sabe dónde está escrito eso.

Dice que está hasta el gorro de que los empresarios y los trabajadores tengan que odiarse y que no sabe de dónde ha salido eso, porque si unos y otros trabajan en la misma empresa, lo normal sería que unos y otros quisiesen que la empresa funcionase bien y ganase muchas *perras,* honradamente, por supuesto, y luego se las repartieran de una forma decente.

Dice que le molesta lo de que «trabajadores» solo sean unos, como si los otros no trabajasen.

Dice que está hasta las narices de que se insulten unos a otros.

Dice que está hasta las narices de las estupideces que dicen unos y otros.

Dice que cuando oye que uno, al que él consideraba normal, ha dicho que «la única moral es la que establece la Constitución» se le caen *los palos del sombrajo,* expresión que no sé de dónde la ha sacado, pero que me hace mucha gracia, porque es muy descriptiva.

Dice que cuando oye a una política decir que hay seres vivos y seres humanos, y que en un momento determinado el ser vivo pasa a ser humano, piensa —es muy mal pensado— que igual no es tan tonta como parece y que es peor. Que cuando él ve la hierba de mi jardín en San Quirico y piensa que hace falta que alguien pase el cortador de césped porque aquello, una vez más, está intransitable, se da cuenta de que esa hierba que crece es un ser vivo y que, cuando alguien pasa el cortador, a ese alguien no le remuerde la conciencia. Y que no vaya a ser que esta nena —los catalanes hablan mucho de la «nena», aunque tenga ochenta años— quiera decir que cuando un niño tiene unas cuantas semanas, las que ella diga, se le puede pasar tranquilamente el cortador de césped y pasarlo a la categoría de *ex césped.* Todo basado en los derechos fundamentales de la mujer.

Dice que esto es un batiburrillo que no lo entiende nadie. Al llegar aquí, se para y añade: «Pero por lo que me has dicho, la gente de la calle SÍ que lo entiende».

Dice que estos chicos —los que mandan— y los chicos que quieren mandar representan a muy poca gente. Que les votamos porque hay que ir a votar y somos un pueblo amante de la democracia. Esto último me parece una cursilada, pero es que a mi amigo, de vez en cuando, le salen estas frases, que no sé dónde las lee.

Que las patronales de empresarios van por un lado, y los sindicatos, por otro. Y que le gustaría saber a cuánta gente representan unos y otros.

Dice que no puede ser que estemos en el siglo XV en las campañas electorales. Que molesten a todo el personal poniendo unos carteles idiotas en un 99,99 por 100 de su contenido, hechos por unas agencias de comunicación a las que se le secó el intelecto en un 99,99 por 100 hace bastantes años. Que hagan el tonto pegando cartelitos la noche antes de la campaña y que luego se gasten millones y millones —de euros, claro— en dar vueltas por España, reuniéndose con los que ya les iban a votar y les ríen las gracias y sin lograr convencer a nadie de los que no les pensaban votar.

Dice que, en la era de Internet, lo de los cartelitos debería haber pasado ya a mejor vida. Y que, además, a menos papel, menos árboles talados y menos CO_2 y menos cambio climático. En este momento se para y añade: «Por cierto, ¿te has dado cuenta del calor que está haciendo este mes de agosto?».

Dice y dice y dice. Y me da la mañana. Y me va a seguir diciendo, porque tiene muchas más páginas escritas en la libreta. Este hombre ha escrito un libro. Menos mal que la editorial Espasa no se ha enterado, porque me quitaba el encargo del libro a mí y se lo daba a mi amigo, que lo tiene prácticamente acabado.

Me quedo muy intranquilo. Porque mi amigo es un señor normal, que alguien de esos que brilla podría considerar gris, amorfo, al que se le pueden contar cuatro cuentos y se los cree.

Pero es que también son normales todos los que me he encontrado en las conferencias que he dado este año.

Y los que están en la política deben pensar que todos estos seres, además, de grises y amorfos, son imbéciles. Y no lo son. Algún tonto habrá, pero todos todos, os aseguro que no.

Y que se intenten ganar unas elecciones comprando al personal y gastándose cinco mil millones de euros, o sea, ochocientos treinta y un mil novecientos treinta millones de pesetas, en darnos cuatrocientos euros a cada ciudadano, me parece otra tontada irresponsable más. Porque resulta que no tenemos esas pesetas.

Y, por si faltase algo, mi amigo manifiesta que a un tal Montesquieu —lo pronuncia mal, pero le entiendo— se le ocurrió decir que era conveniente que unos legislasen —y les llamó poder legislativo—, otros gobernasen dentro de lo legislado por los primeros —y les llamó poder ejecutivo— y otros se ocupasen de que nadie se saltase las leyes a la torera —y les llamó poder judicial—. Y que, además, el citado señor, con nombre de bar de la calle Mandri de Barcelona, afirmó que esos tres poderes deberían ser independientes, y mi amigo dice que le da en la nariz que no lo son y que aquí hay mucho chanchullo.

Y cuando lee que si el Tribunal Constitucional dice que no le gusta el Estatuto de una Comunidad Autónoma saldrán a la calle en manifestación unos cuantos ex presidentes de esa Comunidad y otros políticos de alcurnia, no se le caen los palos del sombrajo porque ya se le habían caído, pero que no piensa reconstruir el sombrajo durante una temporada, porque para qué.

Y además —sigue hablando mi amigo— ahora hay que pedir perdón por todo. A él le gusta la historia y acaba de leer la vida del marqués de Santillana, que, además de hacer versos a la primera serrana que se cruzaba en su camino, luego se iba con ella de copas.

Todo ello, por supuesto, con una gran fidelidad a su mujer, que debía pensar que el marqués era un pájaro de cuidado. Como esto lo cuenta Almudena de Arteaga, que es la hija del vigésimo marqués de Santillana, debe de ser verdad.

Bueno, pues mi amigo dice que si ahora Almudena de Arteaga tuviera que ir pidiendo perdón a los descendientes de cada una de las serranas amigas de su antepasado, sería un lío, por la dificultad de encontrar a los descendientes, porque nadie sabe de verdad quién tuvo la culpa y porque solo serviría para que los descendientes de las serranas en cuestión empezaran a odiar a Almudena, y, de paso, a pedirle una indemnización por las locuras del marqués.

Ya he entendido lo del «accidente». Lo que no acabo de ver es lo del *safety car.* Está escrito en la libreta, porque mi amigo ha trabajado mucho.

Acabamos el desayuno. Vuelvo a casa. Estoy un poco mareado, aunque hoy no hemos tomado Cardhu. Pero es que veo venir a mi amigo y lo que me temo que se le ha ocurrido sobre el *safety car* me sobrepasa.

Además me ha dicho que vaya pensando sobre la contestación a la pregunta: «Y usted, si fuera presidente, ¿qué haría?».

14
FIESTA MAYOR

Mi amigo me cae muy bien, pero necesitaba —yo— unas vacaciones —las suyas—. Porque tiene demasiado sentido común. Ya sé que de las cosas buenas nunca se puede tener demasiado, pero es que, a este hombre, el sentido común le sale por las orejas.

Y además no hago más que pensar que la gente —el conjunto de personas— es así, como mi amigo. Porque la gente que me he encontrado era así, como mi amigo.

Por suerte, estamos de fiesta mayor en el pueblo de al lado —la de San Quirico se celebró antes—. Todos aprovechan para desconectar. En el pueblo de al lado la fiesta es más ruidosa. La gente de San Quirico va allá, a los autos de choque, al salón de tiro Rosendo y a bailar en el *envelat* —el entoldado—. En el *envelat* hace bastante calor, porque poner aire acondicionado sería un despilfarro. Nadie lo echa en falta, todos sudan y todos bailan, «a lo antiguo», o sea, *agarraos,* con la música de la orquesta Cimarrón.

Las fiestas del pueblo de al lado acaban con el baile del confeti, que pone el pueblo lleno de papelitos y que acaba a las tantas de la mañana siguiente.

Mi amigo aprovecha la fiesta mayor para irse de vacaciones una semana cerca de Tarragona.

Y como ni el baile *agarrao* ni el confeti son lo mío, yo me quedo en San Quirico, pasando mis servilletas a limpio e intentando encontrar una respuesta a la pregunta que ha dejado sobre la mesa mi amigo, cuestión que se las trae, porque criticar es muy fácil, y a todos nos sale muy bien. Lo difícil es que se nos ocurra algo, que ese algo sea factible y que seamos capaces de conseguirlo. Si además ese algo es ambicioso, exigente y motivante, la locura.

UNA BUENA NOTICIA: ¡Apareció el petirrojo! Simpático como siempre y sin dar excusas por su tardanza. Revolotea por toda la casa, saluda a *Helmut,* saluda a cada uno de los nietos y a cada uno de los mayores, picotea en la comida de *Helmut* y descansa en la lavadora, como siempre, después de pasar por la imagen de la Virgen y soltarle un piropo.

¡Ya estamos todos! Ahora sí puedo trabajar. Me faltaba algo.

15
La gente normal

Lo bueno dura poco. Mi amigo ha vuelto de vacaciones con la frescura que da el descanso. No ha sido muy largo, pero sí lo suficiente para oxigenarnos un poco, él y yo.

Dice que hay que seguir, que el verano es corto y que a partir de septiembre yo siempre digo que estoy muy ocupado. Y que estos días ha discurrido y ha escrito más. Y que tiene más elaborada la teoría del *safety car*. Y que quiere que lleve una libreta al próximo desayuno y que me deje de servilletitas, que luego se ensucian y se me pierden.

Añade que ahora que tenemos encarrilado el trabajo, no podemos descuidarnos. En confianza, no acabo de ver el *encarrile,* pero si él lo dice, así será.

Compro una libreta y voy a desayunar con él. Mi amigo toma la palabra y empieza atacando: «Bueno, ¿qué se te ha ocurrido?».

Y yo, como no quiero quedar mal, empiezo a decirle lo que se me ha ocurrido.

Empiezo haciendo un resumen muy breve de lo que ya hemos hablado. Le digo que creo que no es una pérdida de tiempo aunque repita alguna cosa, porque así nos centramos y yo discurro con más facilidad.

El resumen es muy breve. Se trata de recordar a mi amigo que la gente que me he encontrado es gente normal, gente como él y como yo, gente de la calle, de esa que trabaja, que saca adelante una familia, que se divierte cuando puede, y que muy de vez en cuando hace una pequeña locura, como irse el matrimonio dos días al pantano de Sau.

Y he encontrado a esa gente MOSCA. *Mosca* quiere decir preocupada, hastiada, cínica, escéptica y no sé cuántas cosas más.

De esas cosas, la que más me preocupa es el cinismo. O sea, el «total, ¿para qué vamos a preocuparnos, si los de siempre seguirán como siempre?».

En el cinismo está incluida una sensación de ser manipulados, utilizados por unos cuantos, que han hecho de esa manipulación y de esa utilización su manera de vivir. Esos que, en vez de hacerse una tarjeta que ponga «Utilizador y manipulador» se ponen otros títulos más presentables.

Y esto me parece que trae consigo la primera exigencia: QUIERO HABLAR A LA GENTE NORMAL. Y ADEMÁS QUIERO EXIGIRLE. A los otros ya les hablaré y les exigiré cuando llegue el momento.

QUÉ QUIERO EXIGIR A LA GENTE NORMAL

A esas personas normales les quiero exigir que maduren y que se den cuenta de que son mayores de edad, con el futuro en SUS manos y no en las del gobernante o aspirante a gobernante de turno.

Porque si en la democracia el pueblo es lo fundamental, quiero tener un pueblo serio, comprometido, trabajador, responsable, etc., etc., etc. —un hijo mío dice que «etc.» quiere decir «y las demás cosas», por lo que, si se repite quiere decir «y las demás cosas, y las demás cosas, y las demás cosas»—. Pues lo digo, porque quiero que no se me olvide ninguna de las demás cosas que hacen que las personas y, como consecuencia, las naciones, sean FUERTES.

También tengo un amigo que dice que «no se puede hacer palanca con un churro». Y ya me he cansado de ver *churritos* que exigen que los demás les saquen las castañas del fuego.

LO DE CHURCHILL

Winston Churchill, primer ministro del Reino Unido durante la Segunda Guerra Mundial, prometió al pueblo inglés «sangre, sudor y lágrimas». Bueno, no fue exactamente así. Lo que realmente les ofreció fue «sangre, ESFUERZO, sudor y lágrimas», y no sé por qué han quitado la palabra esfuerzo.

Debe de ser porque si hay sangre le podemos echar la culpa a alguien, si hay sudor le echamos la culpa al calor y si hay lágrimas le echamos la culpa a la cebolla que estamos pelando. Y el ESFUERZO lo tenemos que hacer NOSOTROS. Y ahí no le podemos echar la culpa a nadie.

Bueno, pues yo PROMETO/EXIJO a las personas de esta nación, por este orden:

1. Esfuerzo, MUCHO ESFUERZO.
2. Como consecuencia, sudor, MUCHO SUDOR.
3. Como consecuencia, ALGO DE SANGRE.
4. Como consecuencia, ALGUNA LÁGRIMA QUE OTRA.

OTRA DECLARACIÓN DE PRINCIPIOS

Suponiendo que quede gente entre el público, o sea, que ningún lector haya tirado violentamente el libro a la basura, quiero hacer otra declaración de principios:

QUE DE ESTA CRISIS, GORDA, GORDA, LA PEOR DE HACE NO SÉ CUÁNTOS AÑOS, Y DE LAS QUE VENGAN EN EL FUTURO, QUE VENDRÁN, SOLO NOS SACARÁN LAS EMPRESAS.

Cuando hablo de empresas, digo las grandes, que, al fin y al cabo, no son muchas, aunque dan trabajo a muchas otras, y las pequeñas que, al fin y al cabo, son muchísimas.

A estas empresas hay que animarlas para que hagan negocio, para que ganen dinero y para que ese dinero se reparta bien. —Luego hablaremos del reparto.

Y como las empresas son las personas, hay que animar a esas personas a que se jueguen su dinero para montar empresas, para mantener las que haya y para hacerlas crecer, porque, cuantas más empresas funcionen bien, más personas trabajarán y menos parados sufrirán.

Hay que animar a que los que trabajan en esas empresas, a cualquier nivel, desde el de más arriba hasta el de más abajo, que se maten a trabajar y se dejen de tonterías, como son, por ejemplo, la de rebajarse el sueldo de unos cuantos millones de euros en un 0,003 por 100 para dar ejemplo en época de crisis, o la de esos que procuran hacer huelga en el momento en que saben que pueden hacer más daño a las empresas y, por tanto, a España, que quiero recordar que es MI PATRIA —llevaba unas páginas sin decirlo.

Y OTRA MÁS

Ya lanzado, hago la tercera declaración de principios:

Que de esta crisis, que es crisis de Decencia, solo nos sacarán personas que sean decentes —decentes y más cosas, pero decentes.

Esta vez mi discurso ha sido largo. Mi amigo no ha tomado ni una nota. Y me ha mirado con una cara sonriente como diciendo: «¡Ole, mi niño! ¡Ya iba siendo hora de que hablara!».

16
Los responsables

Si yo fuera capaz de todo, no necesitaría equipo. Pero sí que lo necesito. Porque hay muchas cosas de las que no sé nada. Bueno, tengo idea de lo que habría que hacer, pero no soy un especialista.

Y me pongo a buscar especialistas. Pero para no andar por San Quirico buscando gente ni llamar a mis amigos para ver a quién me recomiendan, prefiero establecer previamente los criterios de selección. Así me manejaré mejor, y cuando me recomienden a alguien, diré: «Este casa con los criterios» o «Este no casa con los criterios».

Los criterios

Me pongo a escribir los criterios. Mi amigo me mira con atención. Casi mejor diría que con expectación. Son los siguientes:

1. Cuanta menos gente, mejor.

2. Cuanto más competentes, mejor. Enseguida explicaré qué entiendo por «competentes».
3. Cuanto más trabajadores, mejor.
4. Cuanto menos partidistas, mejor. No quiero gente de un partido o del contrario.
5. No pongo «cuanto más honrados, mejor», porque la honradez será una asignatura obligatoria, no opcional.

    a. Dentro de este apartado, con una vida que pueda servir de modelo a los demás, sin decir: «Mírenme, qué guapo soy», pero *siendo guapos* de manera que la gente pueda asegurar: «Me gustaría ser así de mayor». Como ayuda a lo que acabo de decir:

        i. Deberán ser personas que tengan la vida resuelta.
        ii. Que no necesiten el sueldo que (no) les voy a pagar —luego aclararé lo del «no».
        iii. Que no necesiten el puesto para conseguir contactos. Que por su carrera profesional y humana los tengan, y de nivel.
        iv. Que sean personas que se puedan ganar la vida perfectamente bien cuando dejen el puesto, sin esperar a que les nombren presidentes de la Empresa Nacional de Fabricación de Varillas de Paraguas, S. A. (ENFAVASA) ni consejeros de la Sociedad Española de Novelas Pornográficas, S. A. (SOESNOPORSA).

6. Con sentido de equipo. Lo principal es España. Lo otro —lo particular, lo pueblerino, lo de mi partido— es secundario. Y no digo «despreciable», que es lo que me pide el cuerpo, porque alguien podría molestarse y no quiero molestar a nadie. Pero que no me aprieten, que lo diré.
7. Que sean educados. No hace falta que hayan ido a colegio privado no concertado y con educación diferenciada. Basta con que en su casa les hayan enseñado buenos modales, o sea: dejar pasar a las señoras primero, comer con la boca cerrada, no poner el codo en la mesa mientras se come, no soltar tacos a diestro y siniestro por pobreza absoluta de lenguaje, saber que en la vida, además del sexo y el fútbol, hay otras cosas, no insultar al prójimo, no ir al fútbol con una bota de vino... Aquí también podría poner lo del etc., etc., etc., porque si no me paro, me sale otro libro.
8. Que sean discretos y humildes. Les voy a exigir que vayan a trabajar, no a lucirse. Bocazas, ni uno. Chulitos, ni uno. Trepas, ni uno.
9. Que no consideren que el puesto es una buena ocasión para colocar a su mujer, a sus hijos, a sus yernos, nueras, nietos y demás familia, ni a pasar pedidos a las empresas de estas personas.
10. Me da lo mismo que sean hombres o mujeres. Siempre que utilizo el masculino, me refiero al hombre como persona humana, con lo cual me evito la tontería esa de *-os* y *-as,* aunque a veces se me escapa. Y, por favor, que no me digan que utilizo un lenguaje machista, porque esa es otra de

las bobadas que oigo a veces por ahí, fundamentalmente a personas que, como no tienen nada que hacer, algo han de decir para poder justificar las cuatro *perras* que les pagan a final de mes —con pagas dobles en junio y noviembre, que no son de despreciar, porque les sirven para pagarse sus caprichillos.

Mi amigo, que ha estado callado hasta ahora, bebiéndose la segunda copa de Cardhu, me dice: «Como sigas poniendo criterios, mal lo vas a tener para encontrar a alguien». Y añade, sonriendo: «De los que conozco, el único que cumple con esos requisitos soy yo». Y suelta una carcajada. —Yo no digo nada, pero podría ser verdad.

La competencia

Cuando yo fijo los criterios, lo que estoy diciendo es que para mí, «competencia» es todo lo anterior. Es decir, el competente es el que reúne todas esas condiciones.

Hay un tema que no he tocado, que es el de los estudios. A mí me parece que es bueno que los que se van a responsabilizar de que mi nación vaya bien sean personas bien formadas.

De ahí se deduce que, en España, cuanta más gente se forme y mejor preparación humana y profesional se le dé en esos estudios, más posibilidades tendremos de elegir bien. Nunca me ha gustado eso de que todos los políticos franceses tenían que haberse educado en no sé qué escuela superior. Yo quiero que en todos los colegios y en todas las universidades se den facilidades para que los chavales, con dinero o sin él, puedan estudiar y acabar de formarse como personas.

Digo «acabar de formarse» porque la formación básica se da en casa, en la familia, y luego se remata en el colegio y se remata más en la universidad. Por eso es fundamental que las familias funcionen bien y que los idearios de los colegios y los de las universidades sean coherentes con el ideario de los padres, porque si no, al chaval se le puede volver *neura* perdido —*neura* mal educado, por supuesto.

Y cuando digo formarse, quiero decir FORMARSE, no deformarse. Porque hay algunos colegios y algunas universidades por el mundo cuyo objetivo parece no ser la formación, sino sacar una serie de personajetes que no sirven para nada en la vida, excepto para molestar.

Por tanto, añado otro criterio, que a mi amigo le deja preocupado. Porque él fue al colegio del pueblo y poco más. Como dice, después la vida le ha hecho máster. Eso no es nada original, porque también lo ha dicho un político europeo no hace mucho.

Bueno, pues reconociendo lo del máster de la vida, me parece que un máster en otras cosas no les vendrá mal a los que se responsabilicen de asuntos tan serios.

No les vendrá mal, no solo por lo que hayan aprendido, que, al cabo de los años, se les habrá olvidado, sino por el efecto que han hecho los estudios en su manera de discurrir, en su manera de relacionarse, en su manera de hablar, etc.

Y, por supuesto, debe estar absolutamente prohibido el acceso a la política a un señor que no sea capaz de hablar con Obama por teléfono, sin intérprete. Ese señor, que se vaya a su casa, a estudiar inglés. Y, cuando diga que ya sabe, se le pide a Obama que le llame por teléfono y le pregunte en inglés por la familia. Si, después de la conversación, Obama da el OK, ese señor puede volver a la política.

Esto le da la definitiva puntilla a mi amigo, que dice que bastante hace con no mezclar el catalán con el castellano y que no se pone a estudiar inglés ni aunque le maten.

17
VAMOS A GOBERNAR

Una vez que hemos acabado con los criterios, toma la palabra mi amigo y me dice lo que hemos de hacer con esas personas a las que habremos elegido.

Me aclara que lo del *safety car* se refiere, por ahora, solo al poder ejecutivo. Al poder ejecutivo central, no a las Comunidades Autónomas. Que lo de las Comunidades vendrá después.

Me dice: «En resumen, durante cuatro años vamos a gobernar tú y yo. Vamos a dirigir España de otra manera. Y cuando digo "dirigir", quiero decir "dirigir", porque estos que hay ahora no dirigen».

Me da una definición de «dirigir» que no sé de dónde la ha sacado, pero que no me parece mala.

Dice que «dirigir» es un proceso que tiene siete pasos:

1. Saber dónde estamos.
2. Saber adónde queremos ir.
3. Determinar qué hay que hacer para pasar de donde estamos a donde queremos ir.

4. Determinar quién lo va a hacer.
5. Determinar cuánto dinero nos va a costar.
6. Determinar de dónde vamos a sacar ese dinero.
7. Hacerlo.

Le digo que esto es viejísimo. Que lo hace todo el mundo. Que cuando yo decidí estudiar Ingeniería, sabía dónde estaba —recién acabado el colegio—, dónde quería ir —ser ingeniero—, lo que había que hacer para ser ingeniero —la carrera, o sea, cinco cursos, o sea, un número de asignaturas concretas de las que ya no me acuerdo—, quién lo iba a hacer —yo—, cuánto dinero iba a costar —a mi padre—, y de dónde lo iba a sacar él —de su bolsillo.

Me contesta que sí, pero que todavía no se ha inventado nada que lo modernice. Y me dice: «¿Sabes por qué? Porque es de sentido común. —Y continúa—: ¡Pero si es lo que hacemos todos en nuestra vida! ¡Si es lo que hacemos en nuestras familias! ¡Si dices que es lo que hiciste tú con tu carrera! Pues si en nuestras vidas y en nuestras familias y en nuestras carreras le ponemos sentido común, ¿por qué no vamos a ponerlo para dirigir España?».

Le digo que eso es lo que en las empresas se llama hacer el Plan estratégico, y pone cara rara. Dice que está cansado de que se diga que el Plan estratégico de una empresa indica que se venderán no sé cuántos euros en el primer año, con un beneficio de no sé cuántos. Y el segundo año más y el tercero, más. Y que a él le parece que a esas afirmaciones, habría que añadir la frase: «Si Dios quiere», porque una cosa es la Planificación estratégica y otra la bola de adivinar el porvenir.

Pero que sí, que le gusta la idea de hacer un Plan estratégico para España, porque, por lo menos, quedará escrito lo que queremos hacer y se podrá actualizar y se podrá comparar lo que hemos hecho con lo que dijimos que íbamos a hacer.

Dice que, aunque en ese proceso de siete puntos parezca que hay que empezar por el principio, él quiere comenzar por el final. O sea, por el «hacerlo».

Las cosas las hacen las personas. Y mi amigo dice, y empiezo a estar muy de acuerdo con él, que lo de elegir bien las personas es fundamental. Y que por eso quiere hablar hoy de personas.

Y él quiere empezar hablando de él y de mí, para exponer nuestras condiciones, porque si no nos las aceptan, todo queda en agua de borrajas.

Pero que, como estamos en el puente de la Virgen de agosto, quiere descansar. Y añade: «Tenemos que aprovechar ahora, porque, cuando dirijamos España, ni vacaciones ni nada».

PRIMERO, A VER CUÁNTOS NECESITAMOS

Mi amigo es un tipo honrado. Porque sabe que los criterios que he marcado no le hacen seleccionable, pero sigue trabajando. Me parece que haré alguna trampilla para colarlo.

Dice que recuerda muy bien que un criterio es «Cuanta menos gente, mejor». Que cuando lo oyó, le sorprendió, pero que él piensa lo mismo. Que cada vez que ve a no sé cuántos señores hablando alrededor de una mesa enorme, con un jardín de flores en medio, de modo que no se ven unos a otros por culpa de las dichosas flores, y no se oyen unos a otros por culpa de la distancia y tienen que hablar con micrófono, piensa que eso, de trabajo en equipo, NADA y que, a veces, piensa que de trabajo, también NADA.

Hacemos la primera lista. Mi amigo la lleva escrita en la libreta. Creo que el día en que pongamos la libreta a la venta en eBay, nos vamos a forrar.

NECESITAMOS CUATRO

En primer lugar, explica que con cuatro tiene suficiente. Dice que, después, esos cuatro, que se organicen —no acabo de ver claro esto, pero sigo escuchando.

Empieza a aclarar las cosas: de los cuatro, uno que mande más que los otros tres. Le propongo que le llame presidente, y a los otros tres, vicepresidentes, pero no le acaba de convencer. Dice que habría que poner nombres nuevos, porque si no, la gente pensará que no ha cambiado nada.

Que al que manda le gustaría llamarle «el Boss», que no sabe exactamente qué quiere decir, pero que le suena bien y que daría un tono internacional a nuestra propuesta, y a los otros, «los Jefes», porque en España, lo de jefe se usa para todo. No me entusiasma la propuesta y creo que, aunque haya que cambiar muchas cosas, lo mejor es seguir con lo de presidente y vicepresidentes, porque la gente lo entenderá y cuando estos señores den su tarjeta a alguien, ese alguien no les mirará extrañado. Mi amigo pone cara de resignación y acepta lo que digo. Me alegro, porque es bueno que, desde el principio, quede claro quién manda.

Empieza hablando de los vicepresidentes (VP). Les llama «el Uvepé 1, el 2 y el 3», aclarándome que no es que el 1 mande sobre el 2 y el 2 sobre el 3. Me dice que el que manda es el presidente, y que lo de 1, 2 y 3 es porque de algún modo hay que distinguirles.

Y dice que ya sabe lo que tiene que hacer cada uno y que, cuando yo se lo apruebe, les dará los nombres correctos, para lo de las tarjetas.

18
Las responsabilidades de los cuatro

El VP 1

Según mi amigo, las responsabilidades del VP 1 son las siguientes:

1. Llevar las cuentas.
2. Administrar el dinero que haya.
3. Buscar responsablemente el dinero que falte. Repite: RESPONSABLEMENTE.
4. Tiene que demostrar en su actuación diaria que:
   a. De donde no hay, no se puede sacar.
   b. Es malo estirar siempre el brazo más que la manga. Y vuelve a decir: «Por eso insisto en lo de RESPONSABLEMENTE».
5. Que sepa mucho, que sea capaz de explicarlo, que hable claro y que tenga paciencia para explicar al presidente, a los demás vicepresidentes y a los que dependan de ellos lo de la economía, con el fin de

> evitar que cada uno haga la guerra por su cuenta y diga las sandeces que se le ocurran. Mi amigo, que se fija mucho, dice que las sandeces siempre cuestan dinero. Cuando son gratis, y eso ocurre muy de vez en cuando, desconciertan a la gente, o te enemistan con gente poderosa, lo cual también es muy malo.

Mi amigo hace hincapié en que la capacidad de explicar del VP 1 es para enseñar al presidente y a los otros VP, no a las personas de la nación. Dice que, si el presidente, los VP y los que dependen de los VP entienden lo que dicen, lo harán de una manera que les entendamos todos. Y que si no lo aclaran, será porque no lo entienden, o porque quieren que no se les entienda. Añade que él sabe de un país europeo en el que ocurre lo primero —que no entienden— y que, además, dicen frases que a él le suenan a *encantaments,* o sea, a esas cosas que se dicen para liar a los niños y echar risas con ellos. Lo que pasa, sostiene, es que ni somos niños ni estamos para echar risas como si, además, fuéramos bobos. Y que le molesta mucho eso de que «la política es pedagogía», como ha asegurado algún insensato no hace mucho, porque le suena a que los políticos nos tengan que enseñar a los demás, como si fueran seres superiores. «¡Y no lo son!», añade, gritando un poco y poniéndose rojo.

A este VP se le podría llamar Responsable de Economía, porque ese es el nombre que se lleva por ahí, pero mi amigo dice que a él le gustaría más llamarle el *Ama de Casa*, porque eso es lo que quiere que sea. A mí también me gustaría ese nombre. No sé si quedaría muy bien cuando tuviéramos que hablar con los extranjeros.

Mi amigo dice que tiene mucho que hacer en su empresa y que hoy no tiene tiempo para seguir arreglando España. Esto me preocupa, porque yo le quería dar un puesto de responsabilidad, pero si tiene que pasarse por la empresa todos los días a ver si le han pagado los del pueblo de al lado, le va a resultar difícil desconectar y pasar mentalmente —y rápidamente— de San Quirico y alrededores a España.

Sin embargo, nadie puede negar que el tío discurre y que, por ahora, está siendo capaz de fijarse en el detalle pequeño —hoy me ha hablado de una factura de 22,35 euros más IVA que no le pagan— y luego ponerse a hablar de cómo dirigir la nación.

Me voy a casa y paso a limpio los apuntes. A pesar de la recomendación de mi amigo, no he comprado la libreta y sigo con las servilletas. Ahora estoy escribiendo en un mantel de papel, donde he apuntado lo del Uvepé 1. En el mismo mantel apuntaré lo del 2 y el 3, y lo que se nos siga ocurriendo. Igual el mantel también se podrá subastar por eBay.

Helmut está en mi despacho, y el petirrojo, también. Echo en falta a la petirroja. La dicha nunca es completa. Siempre queremos más.

El VP 2

Mi amigo me llama. Dice que no podemos perder tiempo. Cuando este mozo se pone en este plan, hace que me remuerda la conciencia. Me recuerda aquellos carteles de «la patria está en peligro y te necesita».

Llego al bar. Los camareros me saludan con un cierto respeto, porque, como mi amigo habla en voz muy alta, le oyen frases y yo creo que piensan que, de verdad, la patria está en peligro y nos necesita: a mi amigo y a mí.

Nos ponen en una mesa en un rincón, lejos de la gente y de la tele, para que ni la gente ni la tele nos distraigan.

Mi amigo dice que el VP 2 tiene que hacer tres cosas:

1. Que se pueda ir tranquilamente por la calle, por cualquier sitio y a cualquier hora.
2. Que los terroristas no molesten y que se les convenza de algún modo de que dejen de hacer daño. Al decir «de algún modo», mi amigo pone cara seria y hace el gesto de dar zurras con la mano. A él, eso de la negociación nunca se le ha dado bien y comenta que cuando hay que usar mano dura, se usa mano dura. Y sin complejos, porque le parece que hay señores que no han entendido lo de la democracia y que les parece que la democracia exige respetar, tolerar y aguantar sonriente a todo fulano que se dedique a no respetar, a no tolerar y a no aguantar sonriente a los demás. Y que con estos fulanos sí que hay que hablar, negociar y tomar copas, pero un día, hay que pegar un puñetazo en la mesa y decir «hasta aquí hemos llegado».
3. Que los que tengan ganas de no ser honrados se lo piensen varias veces antes de meter la mano en la caja ajena. Ahora, a eso se le llama «corrupción». Ha existido siempre. Lo que pasa es que mi amigo

> dice que, como yo digo en las conferencias que esta es una *crisis de decencia,* quizá hay menos decentes que antes o quizá los no decentes lo hacen con más descaro.

Y también puede ocurrir que, con esto de Internet, nos enteramos antes de los líos que estos chicos organizan, aparte de que pueden copiar las indecencias que se hacen en el extranjero, donde también cuecen habas.

Dice que le gustaría llamar a este el Responsable de la Paz, la Honradez y la Tranquilidad, pero que tampoco está seguro de que este nombre suene bien en el extranjero. Cree que, en España, la gente lo entendería, pero que a los italianos igual les entraba la risa, porque son muy especiales.

Que ahora, a ese señor le llaman «de Interior», que antes le llamaron «de Gobernación», que cree que antes se llamaba «de Orden Público», pero que, a él, le gusta más lo de la Paz, la Honradez y la Tranquilidad, porque es más descriptivo.

Mantendremos lo de «Interior», por ahora. Luego, ya veremos.

El VP 3

Me parece que mi amigo ha liquidado al VP 2 muy rápidamente. Se lo digo. Me contesta que no me preocupe, que estamos empezando. Yo creo que sabe también que existe eBay y que debe de pensar que, cuantas más servilletas y más manteles tengamos, más dinero sacaremos en la subasta.

Me dice que al Uvepé 3 le va a encargar las Relaciones con la Gente.

Este tendrá mucho trabajo, porque «la gente» está formada ahora por cuarenta y seis millones de personas, cada una con sus cosas. Como dicen en mi tierra, cada una hija de su padre y de su madre.

Como no podrá hablar con cada uno de los cuarenta y seis millones, lo tendrá que hacer en grupos.

Dice que el primer grupo es el formado por las personas que trabajan en las empresas, y que estas personas se dividen en dos:

1. Los que trabajan dirigiendo esas empresas y que están en esas asociaciones que la gente llama patronales, que es un nombre rancio y pasadísimo de moda, de cuando había un patrón que mientras sacaba brillo a su reloj de oro, daba unos duros a sus obreros. El último patrón así falleció hace bastantes lustros. Y si queda alguno todavía, que se convierta o que fallezca pronto. Previamente confesado y comulgado, y en gracia de Dios, por supuesto.
2. Los que trabajan en esas empresas, en puestos que no son de dirección —lo que la gente llama «los trabajadores», nombre rancio y pasadísimo de moda, de cuando los obreros recibían los duros extras que les daba su patrón». Dicen que estos señores están representados por los sindicatos, cosa de la que ni mi amigo ni yo estamos muy seguros, como ya hemos dicho antes.

Sigue adelante y asegura que también hay que preocuparse del interior de las personas. No acabo de entenderle, y me pregunta: «Tú crees en Dios, ¿no?». Le digo que sí. Luego, sin dejarme respirar, añade: «Tú perteneces a la Iglesia católica, ¿no?». Le digo que sí. Y continúa: «O sea, tú eres un católico practicante». Le vuelvo a decir que sí, aunque pienso que basta con decir que soy católico. Porque alguna vez se me ha ocurrido pensar qué sucedería si Cristiano Ronaldo dijera que era del Madrid, pero que no practicara, o sea, que no se entrenara, que no jugara los partidos que le tocaban y que, además, quisiera ponerse una camiseta amarilla con fruncidos en vez de la camiseta blanca del Real Madrid. Pues sería un jugador madridista *sui generis,* o *sui generesis* como dice un amigo mío. Lo de *sui generesis* está mal dicho, pero suena más fuerte y por eso me gusta más.

Mi amigo continúa: «¿Hay más gente como tú?». Y le digo que sí, porque veo que en San Quirico hay tres misas cada fin de semana y las tres tienen *overbooking,* como dice el párroco. Y me contesta: «Pues al VP 3 le encargaré que llegue a acuerdos con tu Iglesia, o sea, con la católica».

Sigue: «¿Conoces a algún testigo de Jehová? ¿Y a algún mormón? ¿Y a alguno de la Iglesia del Séptimo Día?». Le digo que conozco a bastantes personas que pertenecen a esas Iglesias y que, algunas, a veces, vienen a mi casa de San Quirico a hacer proselitismo. Y que me admiran, porque las veo muy convencidas de lo que dicen. Y algunas van con corbata, y en San Quirico, en verano, no va con corbata ni el alcalde.

Me pregunta si conozco a algún agnóstico. Y le digo que sí. Me pregunta si conozco a algún ateo. Y le digo que me parece que no, porque me da la sensación de que casi todo el mundo piensa que algo existe, o al menos le crea dudas. Y supongo que, si duda, es que sospecha que puede haber algo serio por ahí y que no lo acaba de ver claro todavía.

Mi amigo dice que todos, excepto los ateos y los agnósticos, pertenecen a alguna Iglesia. Y que el VP de Relaciones con la Gente deberá tratar con todas ellas. Ya veremos cómo lo hace, porque el tema no es simple. Aquí habrá que establecer unos criterios para decidir lo que pueden/deben hacer las Iglesias y lo que no pueden ni deben.

Ya veis que mi amigo va dejando colgados algunos temas que se las traen. Pero no quiero distraerle ahora, porque le veo lanzado en la remodelación del poder ejecutivo.

Y YA ESTÁ

Eso es lo que dice mi amigo: que ya está. Pero ¿cómo va a estar? Este tío quiere arreglar España con cuatro personas. ¿Y el presidente? —o sea, yo— . ¿Y el resto? ¿Y los que ahora mandan? ¿Y los que no mandan, pero quieren mandar?

Mi amigo me pregunta: «¿Se te ha olvidado cómo empezó esto? ¿No te acuerdas de que quedamos en que se había producido un accidente y que había que sacar el *safety car?* ¿Y cuánta gente va en el *safety car?*».

No lo sé, pero me parece que van menos de cuatro. Prefiero no decirle nada, porque, cuando le veo crecido, no hay que animarle, que me arrollará.

19
EMPEZAMOS A TRABAJAR

MI AMIGO QUIERE EMPEZAR CON DOS

Lo peor viene a continuación. Mi amigo dice que quiere comenzar a trabajar a fondo con dos. Como ve mi cara de perplejidad, dice que sí, que quiere empezar a trabajar solo con dos: con el de las *perras* y con el de la gente. Porque si estamos en una crisis económica fuerte, estos dos son básicos. Y han de trabajar, no en equipo, no, sino como si fueran hermanos siameses, los dos junticos.

Ha llegado a esta conclusión después de oírme afirmar que de esta nos sacarán las empresas, no el Gobierno. Y que de esa frase él ha deducido que hay que ayudar a las empresas. Y me dice: «¿Has oído? ¡AYUDAR! ¡No sustituir! ¡Que no entiendo por qué un burócrata de la Generalitat va a llevar mi empresa MEJOR que yo! ¡Y si es de Madrid, PEOR! ¡Que no se trata de inventar el INI, que eso ya lo inventó Franco!». Como se ha acalorado, ha pronunciado gritando el nombre de Franco, con lo que ha conseguido que todos los del bar nos miren. Dos se han puesto a llamar inmediatamente por el móvil. Quizá son periodistas o policías. Y lo comprendo, porque tantos desayunos, tantas servilletas y tanto secreteo dan que pensar. Muchas conspiraciones han empezado así.

La primera reunión del presidente con el VP 1 y el VP 3

En primer lugar, mi amigo me asegura que el presidente, al convocar la primera reunión con el Uvepé 1 y con el 3, invitará también al 2 para que no piense que es un Uvepé de relleno, como bastantes personas que ocupan puestos importantes —en su tarjeta— en estos momentos.

En esa reunión, el presidente explicará que como lo de las empresas es muy urgente y lo de la paz, la honradez y la tranquilidad es un trabajo *sine die,* o sea, para siempre, se reunirá muchas veces con el 1 y el 3, pero que siempre comunicarán al 2 —el de la Paz, la Honradez y la Tranquilidad— la fecha y la hora de la reunión, para que asista si quiere y si tiene tiempo.

El presidente le dirá que a él le gustaría mucho que asistiese, aunque se aburra, porque igual en una de esas reuniones se toma una decisión que no le gusta a algún sindicato y ese sindicato convoca huelga general y conviene que el Responsable de la Paz, la Honradez y la Tranquilidad lo sepa de primera mano, para estar preparado.

Después de la huelga, que será un fracaso, porque la gente con sentido común —millones de personas— irá a trabajar, al VP 2 le corresponderá disolver los piquetes con la mayor amabilidad posible, pero sabiendo que, si hay que pegar algún porrazo, se pegará. Y si la foto del porrazo aparece en la prensa extranjera, pues será una pena —para la prensa extranjera.

Me está gustando esto y me voy poniendo en la piel del presidente. Y le digo a mi amigo que vamos a hacer un ensayo general. Él y yo, sin nadie más. Porque así, si sale bien, seguimos, y si sale mal, no seguimos.

Le pregunto: «¿Empezamos?». Y él me contesta, muy serio: «Empezamos».

Si los camareros de nuestro bar supiesen que en esa mesa están los cerebros pensantes de la remodelación del ejecutivo, el respeto con que nos tratan se podría convertir en servilismo. Mejor que no sepan nada.

Diría que, además, en el bar se ha producido un momento de silencio, lleno de expectación. Pero no. Miro a las otras mesas y las veo como siempre. No se han dado cuenta de la importancia de nuestro desayuno. Quizá se están perdiendo un momento histórico.

Mi amigo y yo empezamos a gobernar sin que nadie se entere.

20
Día n.º 1. Siete cosas

Convoco a los VP 1, 3 y 2. Convoco también a mi amigo de San Quirico, porque es mi amigo. Todavía no sé qué puesto le daré. No sé qué puesto tiene Manel Estiarte en el Barça, pero me parece muy importante, en este caso para Guardiola, tener un amigo en el que puedas confiar y comentar los partidos al final, paseando por la hierba. Quizá le nombre adjunto a la presidencia, que queda muy bien.

Para la reunión prepararemos una mesa que sea lo más parecida posible al bar donde nos reunimos mi amigo y yo. Pondremos café, pastas y agua. Ya nos apetecería lo del jamón ibérico y el vino, pero con el estómago lleno se discurre un poco peor y con el vino se discurre un poco mejor, pero más desordenado. Y no estamos para perder el tiempo.

No quiero que haya improvisaciones, y por eso he preparado un orden del día. Como mi amigo de San Quirico tiene muchas virtudes, pero todavía no las necesarias para ser un buen secretario, empezaré yo haciendo de secretario.

Va a ser larga, porque les tengo que decir muchas cosas. Durará tres o cuatro días. Nos iremos a dormir a casa. Haremos acta de lo que vayamos haciendo cada día, porque, si esperamos al final, se nos habrá olvidado la mitad de lo que hayamos hablado.

El primer día solo hablaré yo. Bueno, lo hará el que quiera, pero les pediré que me dejen hablar, que escuchen, y que tomen todas las notas que quieran, para pedir aclaraciones, para señalar alguna posible contradicción, etc.

Mi amigo les leerá todo lo que hemos discutido él y yo. No hablará de nuestras mujeres, para que los VP no piensen que hay un poder oculto que mueve los hilos —ellas.

Cuando hablemos del *safety car* haremos hincapié en que ese coche solo pone orden. Luego se retira. En nuestro caso, el *safety car* somos nosotros. Estaremos cuatro años, improrrogables. Como este es un tema fundamental, insistiré más adelante para que se enteren bien de que conmigo no van a hacer carrera, porque el coche de seguridad tampoco la hace, aunque vaya muy deprisa.

Luego les diré siete cosas.

Cosa n.º 1. ¿Qué hacemos con lo que hay ahora?

Mantenerlo. Porque hay mucho hecho y no lo vamos a tirar por la borda. No se trata de hacer revoluciones.

Porque van a ser cuatro años de *safety car,* que NO PARTICIPA EN LA CARRERA, PERO PONE ORDEN DURANTE UN RATO.

Cosa n.º 2. Hay que respetar la Constitución, que no se modificará en los años en que esté funcionando el safety car

Es que no quiero estar siempre en período constituyente, lo mismo que no me gusta estar siempre en campaña electoral. La Constitución ahí está y ahí va a estar por lo menos cuatro años más.

Cosa n.º 3. Como consecuencia, se mantendrá el modelo de Estado

Es decir: Administración General del Estado, Comunidades Autónomas, Administraciones Locales, Diputaciones, Cabildos, Consells Insulars y Ayuntamientos.

No me entusiasma —ya explicaré por qué—, pero ahí está y tampoco vamos a modificarlo en cuatro años.

Cosa n.º 4. Se exigirá sentido de equipo

Esto se refiere a: Relaciones dentro del Gobierno central, relaciones dentro de las Comunidades Autónomas, relaciones Gobierno central-Comunidades Autónomas, relaciones de las Comunidades Autónomas entre sí, relaciones de todo el resto de Instituciones entre sí y con el Gobierno central y las Comunidades Autónomas.

También se podría llamar *juego limpio* entre unos y otros. Ahí tendremos mucho trabajo.

Cosa n.º 5. La financiación autonómica

Como el tema de la financiación autonómica está ya oficialmente resuelto, no se tocará y se utilizará para hacer los Presupuestos Generales del Estado y todas las cuentas necesarias para saber dónde estamos y adónde vamos.

Cosa n.º 6. Está prohibido decir

Que la situación es heredada y que la culpa es de... —en estos puntos suspensivos están incluidos todos los personajes y regímenes, nacionales y extranjeros, de la Edad Contemporánea, Moderna, Media, Antigua y Prehistórica.

LA CULPA DE TODOS LOS FRACASOS Y DE TODOS LOS ÉXITOS, SERÁ, DURANTE ESTOS CUATRO AÑOS, ÚNICA Y EXCLUSIVAMENTE NUESTRA.

Continúo. Prohibido también decir:

1. Que aquí no pasa nada.
2. Que estamos mejor que...
3. Que en unos años, estaremos mucho mejor que...
4. Que la culpa es de Bush, hijo.
5. Que la culpa es de Bush, padre.

6. Que somos la reserva espiritual de Occidente.
7. Que somos una unidad de destino en lo universal.
8. Que qué mal lo pasamos en la Guerra Civil y que a ver dónde están los restos de mi abuelo, al que mataron los rojos, y los de una tía mía, a quien apiolaron los nacionales.

Vamos a intentar que, de una vez, nos enteremos todos de que en una guerra se hacen burradas, porque la guerra es eso: UNA BURRADA. Y, por eso, cuanto menos nos acordemos de las burradas, mejor.

Y esto lo digo yo, que tengo setenta y seis años, y que de la Guerra Civil española solo tengo buenos recuerdos, porque, cuando sonaban las sirenas en Zaragoza, anunciando que los rojos venían a bombardearnos, mi padre me montaba a caballito y bajábamos cantando al refugio. Con eso, mi padre consiguió que el niño no se asustase y que a él le saliese una úlcera de estómago. Y si yo, que tengo setenta y seis años, no me acuerdo de la guerra, ¿cómo es que se acuerdan todos estos tontos, partidarios de los que ganaron y partidarios de los que perdieron, que tienen cuarenta y tres años? Han debido de estudiar mucho o es que eso del odio les encanta.

Cosa n.º 7. Consignas (como en los colegios)

1. Nunca se mentirá.
2. Nunca se ofenderá.
3. Nunca espiaremos a nadie.
4. Si nos espían, allá ellos.

5. No admitiremos ningún regalo, ni un calendario de propaganda.
6. Si hay que admitir un regalo, se le agradecerá por carta al regalante, informándole de que el regalo se le ha entregado al VP 1 —Ama de Casa—, que lo guardará en un armario con dos llaves para utilizarlo como regalo cuando alguien se jubile o alguien cumpla sus bodas de oro como conserje en un ministerio. El día en que se realice tal entrega, se volverá a informar al regalante del destino final de su regalo. Con este planteamiento, que no es original, porque está copiado de lo que se hacía hace años en una empresa muy seria, es posible que la señora de la limpieza jubilada aparezca en su barrio al día siguiente de su jubilación con un reloj Cartier, pero Cartier, Cartier, no falsificado, con brillantitos en las horas y un rubí en el centro, donde se enganchan las agujas, y en cuyo reverso hayan grabado: «Para D.ª XX, de parte del Gobierno de la nación, en agradecimiento por habernos aguantado tantos años».
7. La manera de hablar será muy comprensible por todo el mundo, sin enrollarse ni marear al personal.
8. Ni el presidente ni los Uvepés harán un solo discurso que no tenga contenido, que no sea breve, que no sea inteligible para todo el mundo. Para rollos ya tenemos bastantes mozos y mozas por ahí que hablan, hablan, hablan y dicen cosas que solo sirven para que en los colegios se encargue a los niños que las comenten con su compañero y que, entre los dos, hagan un resumen de doscientas

cincuenta palabras. O sea, que pierdan miserablemente el tiempo, en lugar de jugar al fútbol, que es mucho más sano.

9. Como somos un equipo, nadie dirá cosas que puedan cargarse el trabajo del otro. Por ejemplo, el VP de Relaciones con la Gente no tomará ninguna medida que cueste dinero sin preguntar si hay dinero al VP Ama de Casa.

FIN DEL PRIMER DÍA

La reunión ha sido larga. Está anocheciendo. Ahora sí pedimos ibérico y vino. Mientras nos lo sirven, aprovecho para decir, como los americanos: «Que Dios nos ayude». Digo lo de los americanos, porque son los únicos que lo dicen, aparte del Papa.

Y después nos quitamos el hambre y la sed y, como es natural, acabamos con una copa de Cardhu.

Cuando el camarero presenta la cuenta, mi amigo de San Quirico se adelanta y paga. Al salir, me dice: «El primer día ha ido a mi cuenta. A partir de ahora, le pasaremos la nota al VP 1, para que la pague con cargo a los Presupuestos Generales del Estado».

EL ACTA DEL PRIMER DÍA

Esa noche me quedo haciendo el acta. Me cuesta poco, porque ya lo tenía casi todo escrito. Se la mando por *mail* a los tres y a mi amigo. Me voy a dormir.

Al día siguiente, me levanto a una hora prudente, las nueve, porque ayer me lo pasé bien, pero me cansé un poco. Enciendo el ordenador y abro mi correo. Los cuatro VP han mandado el OK al acta.

21
Día n.º 2. El dinero

Segundo día

Me acuerdo de José Antonio, un gran profesor del IESE, que falleció hace unos años. Era un hombre que tenía un montón de sentido común. Yo le quería mucho. Sigo tratando con su familia. Estuvimos juntos en Boston. Su coche —un Pontiac— y el mío —un Cadillac— solo tenían de bueno la marca y la antigüedad. Las continuas averías nos ayudaron a ser más amigos, por aquello de que la adversidad une. Cuando él o yo llamábamos al taller para que vinieran a arreglar el coche, el dueño siempre preguntaba: «¿Cuál toca hoy? ¿El Pontiac o el Cadillac?».

José Antonio me decía: «Mira, Leopoldo, si te dicen que un negocio va bien, pregunta cuánto dinero tienen en efectivo. Si te dicen que no tienen, es que el negocio va mal».

De eso quiero hablar hoy, del dinero que tenemos en billetes, en monedas o en cosas que se puedan convertir con mucha facilidad en dinero contante y sonante.

Punto n.º 1. Cuánto dinero tenemos hoy

Quiero saber cuánto dinero tiene el Estado en la Caja del Tesoro. Me parece que se llama así. Mi mujer suele decir «en el arca del tesoro», pero eso me suena a Indiana Jones.

Supongo que esa Caja estará repartida en varios sitios:

1. En el Banco de España.
2. En otros bancos y cajas de ahorro. Seguramente, en oficinas que caen cerca del ministerio u organismo correspondiente y que, como somos buenos clientes, nos atienden bien, sin hacer cola.
3. En los cajones de los ministerios, para que las secretarias puedan pagar sellos, mensajeros, etc.
4. En oro, depositado a nuestro nombre en Fort Knox. También me recuerda a Harrison Ford, pero puede que sea así.
5. En bonos de otros estados, que quiere decir que España se ha fiado y les ha prestado dinero y ellos nos han dado un papelito que se llama *bono* y que dice que sí, que les hemos prestado ese dinero y que nos lo devolverán algún día. Ese día está fijado. No sé qué hay que hacer si necesitamos ese dinero antes. Supongo que igual nos lo devuelven, con un descuento.
6. En los Fondos Reservados.
7. Etcétera.

Una ACLARACIÓN que considero necesaria: lo de los Fondos Reservados me interesa mucho, porque a la gente hay que darle pocas tentaciones. En otras palabras, que si me ponen unos cuantos Fondos Reservados en mi despacho, en una caja de caudales cuya llave solo tengo yo, en billetes y monedas, y me dicen que puedo entregarlos a quien me parezca y que no hace falta recibo, tengo que ser un tío muy, muy honrado y muy, muy recio para no pensar que un puñado de esos billetes en mi bolsillo quedaría bien. Y, una vez que lo he pensado, igual me lo llevo a casa y compruebo que sí, que queda bien.

Punto n.º 2. Cuánto dinero va a entrar en el próximo mes

Aquí me tendrán que decir qué impuestos vamos a cobrar; si hemos vendido AENA, cuánto me van a pagar el próximo mes; si nos han concedido un crédito, lo que va a entrar inmediatamente; etc.

Punto n.º 3. Cuánto dinero va a salir el próximo mes

O sea:

1. Los sueldos de los que mandan. De los nuestros ya hablaremos luego.
2. Los sueldos de los que están a las órdenes de los que mandan.
3. Los sueldos de los asesores que tienen los que mandan. De los de nuestros asesores ya hablaremos luego.
4. Lo que cuestan los veraneos de los que mandan. De nuestros veraneos ya hablaremos luego.

5. Lo que cuesta la seguridad de los que mandan. De la nuestra ya hablaremos luego.
6. Los sueldos de los funcionarios que hacen todo el trabajo que podríamos llamar «de infraestructura del Estado» y de los que puede ser que sobren algunos, pero no todos, porque hay muchas cosas que hacer para que todo funcione normalmente —hacer el DNI y el pasaporte, vigilar que la gente no corra demasiado por las carreteras pertenecientes a la Red de Carreteras del Estado, ocuparse de la seguridad del jefe del Estado extranjero que viene a visitarnos y se trae un séquito enorme con limusinas incluidas, etc.
7. En este apartado hay que poner también lo que haya que devolver de los créditos que nos hayan dado. Y esto es así, porque, lamentablemente, hay que devolverlos en los plazos convenidos y puede ocurrir que uno de esos plazos sea el mes que viene. Además, y más lamentable aún, hay que pagar intereses por ellos. Todavía más lamentable, a una de esas dichosas Agencias de Calificación de Riesgos, que los que hemos estado en Harvard llamamos de *rating*, se le ha ocurrido bajar el *rating* al Reino de España, lo cual nos puede parecer una grosería, pero quiere decir que ellos piensan que somos menos de fiar, y eso trae consigo que unos no nos presten y otros nos presten dinero con intereses más altos.

Punto n.º 4. El Plan de Tesorería

Y esto —dinero que hay más dinero que va a entrar menos dinero que va a salir— ME GUSTARÍA QUE ESTU-

VIERA HECHO CADA MES Y PARA LOS TRES MESES SIGUIENTES. Así sabría si en los próximos meses lo voy a pasar mal, regular o si aguanto. Si el VP 1 me pudiera tener hecho este cuadrico para los próximos doce meses en lugar de para tres y luego, cada mes, me dijera cómo iban las cosas, pues entonces él o yo podríamos ir a cualquier cadena de televisión y, previo el maquillaje correspondiente, aparecer en pantalla y contarle al pueblo español cómo van las cosas. Y si al pueblo español le dices lo que tienes, lo que va a entrar y lo que va a salir, los viejos dirán que eso ya lo hacían sus abuelas y los jóvenes dirán que qué maravillas se nos ocurren a los ex profesores del IESE. Luego, si les decimos que esto se llama plan de tesorería, flujo de caja o *cash flow* y que llevar las cuentas al día se llama actualizar el *cash flow,* y que también se puede llamar control, seguimiento y reapreciación, los jóvenes tomarán notas respetuosamente y los viejos se partirán de risa, porque ellos siempre le habían llamado la cuenta de la vieja. Pero unos y otros LO ENTENDERÁN.

Mi amigo de San Quirico me pasa disimuladamente un recorte de un periódico, que dice textualmente: «La gestión de tesorería ha de ser precisa en la ubicación de los flujos de caja en el tiempo y ajustada solo con los flujos sobre los que se tiene control, contemplando escenarios alternativos y de *stress*. El objetivo que se pretende conseguir es convertirse en una herramienta que permita estructurar los plazos de vencimiento de la deuda a la generación prevista de caja».

Le pido que la lea en voz alta. Y aprovecho para decir que, en el momento en que uno de los miembros del *safety car* hable así, lo echaré a patadas.

Porque yo quiero que todo esto sirva para que nosotros cuatro —los que mandamos— sepamos dónde estamos, cosa que, en el colmo de mi atrevimiento e imprudencia juvenil, estoy prácticamente seguro de que hoy no lo sabe NINGÚN ministro y cuando digo ninguno, quiero decir NINGUNO, desde el presidente del Gobierno hasta la ministra de Igualdad, ambos inclusive.

Punto n.º 5. El Presupuesto Base Cero

Todo lo que hemos hecho hasta aquí es puro sentido común. Pues lo que viene ahora es sentido común elevado al cuadrado. Quiero hacer un Presupuesto Base Cero. MÁS AÚN, quiero que en el Gobierno central se implante una mentalidad de Presupuesto Base Cero. MUCHO MÁS AÚN, quiero que esa mentalidad se implante en todas y cada una de las Comunidades Autónomas, Administraciones Locales, Diputaciones, Cabildos, Consells Insulars y Ayuntamientos.

Supongo que los VP ya sabrán lo que quiere decir eso del Presupuesto Base Cero, pero por si acaso, se lo recuerdo. Y, además, así nos enteramos todos y volvemos a descubrir que todas estas cosas las hacían nuestros antepasados, sin calculadora, PC ni móvil —porque hubo una época, hace siglos, en la que no había ninguno de esos chismes.

Para empezar, al Presupuesto Base Cero le vamos a llamar PB0 y lo pronunciaremos *Pebecero*. Así, el nombre será más asequible.

En nuestras casas, todos hacemos, más o menos, un presupuesto. Cuánto dinero va a entrar, cuánto va a salir, en qué nos gastaremos la paga extra de junio, etc. En el otro libro ya hablamos de esto y no se trata aquí de repetir.

Con frecuencia hacemos el presupuesto «sobre» el del año pasado. Es decir: el año pasado gastamos en total cien. Pues este año gastaremos un 10 por 100 más, porque las cosas están más caras, porque los niños han crecido y les tenemos que comprar uniformes para el cole, porque la señora que nos ayuda en casa querrá cobrar un poco más, etc. Es decir, construimos sobre lo construido y nos sale un X por 100 más que el año pasado, sin hacer ninguna locura.

Luego nos vamos a los ingresos y vemos que, por mucho que ordeñemos las diversas vacas que están a nuestro alcance, los ingresos no subirán más de otro X por 100. Y no sé qué pasa, pero casi siempre, el X por 100 de aumento de los ingresos es menor que el X por 100 de aumento de los gastos.

Curiosamente, me parece que los Presupuestos Generales del Estado se hacen así. Porque cuando lees los periódicos —recordad: dos periódicos, uno generalista y otro económico, siempre los mismos—, ves que presentan así los Presupuestos.

Y dicen que el Ministerio A gastará solo un A por 100 más que el año pasado; el B solo un B por 100 más; el C... Y dicen que son Presupuestos austeros y, si te descuidas, que son «progresistas», porque en esta tierra, lo que no es progresista, NO ES. Mientras tanto, la oposición dice que son *letales,* lo cual no ayuda tampoco en nada al respetable público, que ve pasar los adjetivos sin entender nada.

Pues el Pebecero empieza de otra manera, haciéndose preguntas tales como:

1. ¿Necesitamos DE VERDAD que venga esa señora a ayudarnos o, entre todos, podemos tener la casa más o menos *aparente,* como dicen en Aragón y la comida *aparente* también, sin florituras, pero sin miserias?
2. Necesitamos los dos coches que tenemos o nos bastaría con uno y que papá vaya a trabajar en metro, autobús o en los ferrocarriles catalanes o en los de Castilla-La Mancha?
3. ¿Necesitamos que papá tenga doce corbatas para ir variando, o con cuatro y un poco de pillería daría el pego y todos dirían: «¡Qué señor más elegante!»?
4. ¿Necesitamos que todas las cosas que compramos en el súper sean de marca o podríamos comprar alguna cosa de marca blanca, aunque se enfade alguien?
5. ¿Necesitamos que los niños estrenen ropa con frecuencia? ¿No podrían heredar unos de otros, incluyendo en el «otros» la familia y los amigos?
6. ¿Necesitamos coger taxi para ir a todas partes…?
7. ¿Necesitamos…?
8. ¿Necesitamos…?

Aquí cada uno de nosotros podría añadir cien, doscientas o trescientas preguntas más. La idea es cuestionarse: si empezásemos de cero, ¿nos compraríamos todo lo que tenemos? ¿Gastaríamos todo lo que derrochamos, etc.?

Pues eso, que una familia es un ejercicio muy bueno, porque conduce a la seriedad, evita la frivolidad, fomenta la austeridad y educa a los hijos —y a los padres, y, si te descuidas, a los abuelos—. En España no es que sea un ejercicio muy bueno: es uno ABSOLUTAMENTE NECESARIO E IMPRESCINDIBLE, porque, en el centro y en la periferia, o sea, en la Administración central y en las Comunidades Autónomas, etc., ha habido una epidemia de locura peligrosa.

Tengo la sensación de que a estos chicos, del centro y de la periferia, se les ha ido la olla peligrosamente. Y digo peligrosamente porque si a una familia se le va la olla, allá ellos. Pero si se le va la olla al que lleva mi patria o al que lleva mi Comunidad Autónoma o a los dos a la vez, allá ellos, no. ALLÁ, YO. Y eso me preocupa más.

Pues a mi equipo le voy a pedir que haga un Pebecero de inmediato. Para ello, respetando la Constitución, hay que hacer una serie de cosas. Digo «respetando la Constitución» porque hemos partido de eso. O sea: no se trata de derrocar la monarquía e instaurar la república. No se trata de cargarnos todas las Comunidades Autónomas —aunque a algunos nos apetecería, dado el espectáculo deprimente que están dando muchas de ellas— y de ser «jacobinos», que, según me enteré el otro día, viendo a un señor que salía en la tele, son los partidarios de que nada de descentralización y volvamos a llevar todo en nuestra mano, sin que se nos escape nadie ni nada.

Pues respetando la Constitución:

1. Hay que ver qué ministerios tenemos, para qué sirven y cuánto cuestan.

2. Hay que ver qué organismos tenemos, para qué sirven y cuánto cuestan.
3. Hay que ver cuántos asesores tenemos, para qué...
4. Hay que ver qué viajes hacemos, para qué...
5. Hay que ver qué amigos tenemos, para qué...
6. Hay que ver qué ideas se nos han ocurrido últimamente, para qué...
7. Etc. (Nota: Como ya he dicho antes, en el «etc.» podría llenar páginas y páginas, pero prefiero dejarlo así).

Todo lo que digo es para la Administración central. Lo que pasa es que he dado tantas transferencias a las Autonomías que me ha quedado poca cosa, pero quiero ser serio en esa poca cosa, que son muchos millones de euros.

Pero la semana que viene voy a pedir a los presidentes de las Comunidades Autónomas que vengan a San Quirico. Ya les he reservado habitación para dormir en la fonda del pueblo —lo que sofisticadamente llamamos el *snack*— y en La Violeta, un hotel de cuatro estrellas que hay en el pueblo de al lado. No tendrán lujos, pero tendrán cariño y les servirán muy bien. Se irán contentos.

Y cuando nos reunamos en San Quirico les contaré lo del Pebecero y les pediré que vuelvan a su tierra y que lo hagan. Y les diré que sospecho que, si lo hacen, descubrirán muchas cosas. Muchísimas. Y si lo hacen, el trabajo en equipo habrá empezado, porque comprobarán que se puede ser muy autonómico, o sea, querer mucho a tu tierra, a tu pueblo, a tu barrio, a tu calle y a tu comunidad de vecinos, y, a la vez, ser muy universal. En este caso, la universalidad es más pequeña, porque les pido que piensen solo en España, no en la Unión Europea ni en el G-8. Lo de la UE y el G-8 ya vendrá, a su debido tiempo.

Y quizá les convenza. Y luego me iré otra vez a cualquier cadena de televisión y explicaré lo del Pebecero y diré que algunas Comunidades Autónomas ya están trabajando en esa dirección. La primera vez no diré los nombres de los que no me hacen caso todavía, pero si pasa un tiempo —quince días, por ejemplo— y siguen sin hacerme caso, diré los nombres.

Es que no podemos perder el tiempo: en primer lugar, porque la situación en España es lo suficientemente grave como para perder el tiempo en bobadas y, en segundo lugar, porque el *safety car,* o sea, nosotros, nos apartaremos de la carrera dentro de cuatro años y nos han contratado para que la dejemos bien ordenada. Y por nosotros no va a quedar.

Punto n.º 6. Y todo esto me servirá…

Todo esto me servirá para ver si es cierta una hipótesis que me parece que sí que es cierta: que con esto de las Comunidades Autónomas se tira el dinero a la basura en cantidades industriales. Que está muy bien lo de las Comunidades Autónomas, pero está muy bien si los responsables de las mismas son RESPONSABLES, no si, como sucede en algún caso que yo conozco, son una cuadrilla de impresentables que han encontrado en la politiquilla —no en la política— su *modus vivendi,* o sea, la manera de comer, porque de la otra manera —trabajando— no la encontrarían nunca, por falta de entrenamiento.

Y también me servirá para que los españoles —y llamo españoles a cada uno de los cuarenta y seis millones y pico, sean del color que sean y hayan nacido donde hayan nacido— se den cuenta de una vez de que España no es el paraíso donde mana leche y miel. Donde todos tenemos derechos, donde nadie tiene obligaciones, donde a los jóvenes de dieciocho años se les paga la suscripción al diario que quieran porque son jóvenes, en vez de animarles a que, si no tienen dinero, corran detrás del autobús, que es gratis, y así, de paso, hacen ejercicio y ahorran para comprar el periódico. Donde a los viejecitos se les busca un inmigrante o una residencia/asilo de más o menos lujo en vez de que la familia les ayude, les quiera y les acompañe en sus últimos días. Donde procuramos no tener niños, mientras aseguramos a los viejos que no se preocupen, que sus pensiones están seguras.

Punto n.º 7. Pero hay más

Ahora necesito saber más cosas. Quiero que me digan cuánto debemos en total. Porque parece que pedimos prestado mucho y, como con frecuencia me lo dicen en porcentajes del Producto Interior Bruto, me pierdo. Quiero que me lo digan en euros. Vuelvo a acordarme de mi amigo José Antonio: «Déjate de porcentajes! *¡Perras!*».

Al Gobierno y a las Autonomías y a otros organismos les ha dado por gastar. Como en la canción mexicana, parece que todo es gastar y gastar —allí, «rodar y rodar», pero casi es lo mismo—. Lo que pasa es que en esa canción, dice: «Que no hay que llegar primero, pero hay que saber llegar». Y, a este paso, no llegamos. Bueno, sí. Llegaremos al desastre total.

Quiero saber cuánto debemos y cuándo lo tenemos que pagar para ponerlo en el Plan de Tesorería. Debe haber préstamos a diez años. Pues los pondré en el Plan de Tesorería en el año diez. Luego, otros a cincuenta y cinco. Otros, a uno. Y así, poquico a poco, podré explicar al pueblo español cómo vamos de verdad. Y cuando una ministra diga, exultante de gozo, que podemos endeudarnos en ciento cincuenta mil millones de euros más —no intentéis, por favor, traducirlo a pesetas—, podremos decidir entre todos si echamos cohetes para festejar a la ministra o echamos a la ministra.

O sea, nuevo encargo para el VP 1, que ya empieza a palidecer cuando me ve que tomo la palabra.

Porque aquí sucede una cosa que he explicado en las conferencias y que a la gente la pone nerviosa. Y es que cuando gastamos más de lo que ingresamos, esa diferencia —los listos lo llamamos *gap*— se puede sacar de seis sitios:

1. De los ahorros (no tenemos).
2. De subir los impuestos (ya hemos empezado y SEGUIREMOS).
3. De endeudarnos (ya hemos empezado, hemos continuado y continuaremos mientras el cuerpo aguante, o sea, mientras las agencias de *rating* no nos califiquen como deuda WWW, que no sé si existe, pero que no serían las iniciales de una web, sino las de un bono asqueroso).

4. De darle a la maquinita y fabricar *perras,* cosa que no podemos hacer, porque de eso se encarga Trichet, presidente del Banco Central Europeo, cuando dice cosas como: «No descarto la adopción de medidas heterodoxas».
5. De vender cosas que tengamos. Cuando se habla de «privatizar» algo, quiere decir vender ese algo a alguien y convertir ese algo en euros. Nos quedan pocas por vender: AENA y no sé si alguna más.
6. Y, aunque parezca una locura, también se pueden reducir los gastos, cosa que a mucha gente de esta que está en puestos de responsabilidad parece que no se le ha pasado ni por la imaginación.

O sea, que cuando desde hace una temporada digo que aumentarán los impuestos, que nos endeudaremos más, que nos subirán los intereses del dinero que presten los de fuera a este bendito Reino de España, de profeta no tengo nada. Así profetiza cualquiera, porque aquí pasa lo mismo que en una familia que estira el brazo más que la manga: que se queda sin dinero y que cubre esa diferencia:

1. Sacando los ahorros que tenía en la Caja de Ahorros de San Quirico, suponiendo que quede algo.
2. Pidiendo prestado a alguien —a una abuela o a la citada Caja de Ahorros, que no sé si está para prestar mucho.
3. Vendiendo un cuadro que heredaron y que la familia decía que era un Velázquez, pero que ningún experto se atreve a certificar que sí que lo es, porque dicen que Velázquez firmaba los cuadros de

dos maneras: o con su nombre y apellido o con una pincelada. Y este es de pincelada.

4. Reduciendo gastos, que a todos nos cuesta un poco.
5. La familia no puede subir impuestos, pero puede intentar subir el alquiler de un inquilino que es buena persona y que comprenderá que con el alquiler que paga, no vamos —nosotros— a ningún sitio.
6. La familia, por supuesto, no puede fabricar dinero, porque sería un delito. Por cierto, algunos lo hacen y muy bien, pero, cuando les cogen, les meten en la cárcel por falsificadores.

Y esto lo hace una familia, porque se da cuenta de que si gasta mucho, ingresa poco, se endeuda mucho y se fía de que alguien fabricará dinero, esa familia no es que vaya a la deriva, es que perdió el *oremus* hace bastante tiempo.

Digo esto de la familia, mirando a mi amigo, porque él, cuando habla de España, siempre le llama «mi gran familia».

Mi amigo me dijo que había leído que, cuando una empresa necesita dinero, sale a Bolsa, o sea, vende un trozo a la gente, pero que no se imagina a España saliendo a Bolsa, porque sería curioso que Andorra nos comprase. Es posible que en la operación alguien saliera ganando, pero no puede imaginarse la situación y prefiere eliminar esa posibilidad.

O sea, que esto del Pebecero me va a servir para muchas cosas. En Harvard a esto lo llaman sinergia. En San Quirico, «matar dos pájaros de un tiro».

Punto n.º 8. Y más

Ahora quiero saber cuánto dinero tiene la Seguridad Social. Por varias razones:

1. Porque es la hucha de lo que guardo para la vejez de los españoles y no quiero que se mezcle con lo otro.
2. Porque esto de la vejez es algo que llega enseguida —yo mismo, hace nada, tenía treinta y cinco años.
3. Porque quiero saber si los viejecitos podemos estar tranquilos —me lo han preguntado muchas veces en las conferencias.
4. Porque quiero saber dónde están invertidos los cincuenta y ocho mil millones de euros que en el verano de 2009 tenía el Fondo de Garantía de la Seguridad Social.
5. Porque quiero evitar que esos cincuenta y ocho mil millones les apetezcan a algunos —no sería la primera vez—, que prometan que van a dar un rendimiento buenísimo, que le manden el dinero a un primo de Madoff y la fastidiemos para siempre.
6. Porque quiero saber si el Estado pone este año en ese Fondo ocho mil millones de euros, con lo cual, en vez de cincuenta y ocho, ya tendríamos sesenta y seis mil millones.

FIN DEL SEGUNDO DÍA

Esta vez le ha tocado al VP 1. Para algo es el Ama de Casa. Tiene mucho trabajo, pero también tiene gente que le ayude, los buenos de los que había antes. Porque él va a empezar dando ejemplo del Pebecero y va a decirme cuánta gente necesita de verdad y cuánta gente no necesita.

Acabamos, hoy más cansados que ayer. Pero confiados, porque cuando uno sabe en qué dirección va, se ilusiona. Y cuando no se sabe, uno trata de defenderse, de atacar, de echar cortinas de humo, de decir tontadas, de considerar las ruedas de prensa como un trámite doloroso que hay que cumplir en lugar de ser una reunión de amigos. Es posible que alguno de esos amigos tenga el colmillo un poco retorcido, pero eso pasa en las mejores familias y no es para tanto.

Para tranquilizar a los Jefes, les digo que no espero que me den las contestaciones inmediatamente. Les pido que se lleven el encargo —son «deberes para casa»— y que me digan en qué fecha lo tendrán preparado. No deberían tardar más de una semana.

Les parece bien.

Hemos acabado tarde. En el bar están preparando las mesas para la cena. Hoy, ni ibérico ni nada.

Me los llevo al restaurante ese al que suelo ir siempre. Pep, Jaume y Eloi nos están esperando. Nos sirve Sonia, una camarera muy maja que cuando llegan las vacaciones, en vez de irse a la playa, se va a fabricar pizzas. Esta lo ha entendido. No se queja de la crisis porque no tiene tiempo. Y, además, sonríe.

Han puesto un porrón de vino de la casa. Yo no bebo en porrón. Alguno de los Uvepés, sí. Mi amigo de San Quirico, por supuesto. He prohibido hablar de trabajo. Hablamos del tiempo —sigue haciendo calor—, de nuestras familias, del Barça, del Madrid, del Español y, como es natural, del Zaragoza.

El del Barça quiere repetir el triplete, el del Madrid dice que este año no les quita nadie ningún título, y los del Español y el Zaragoza nos conformamos, como siempre, con hacer un buen papel. Y, si hay suerte, hasta podemos ir a la UEFA, que, por lo que me han dicho, es bueno desde el punto de vista deportivo y malo desde el punto de vista económico.

Los que conducimos bebemos poco. Los otros se entusiasman un poco más. La reunión acaba tarde. Antes de que nos echen, nos vamos. Porque, ¿qué pensarían nuestros colegas extranjeros si nos vieran salir a las tantas?

Salimos del restaurante. Nos despedimos de todos. No hay ningún *paparazzi* ni ningún escolta. ¡Qué bien!

Los coches no están blindados. Ni falta que hace. Porque, además de ser muy caro el blindaje, luego el coche pesa mucho y no hay quien lo frene.

El acta del segundo día

Antes de acostarme acabo el acta. Vuelvo a mandársela a todos. Vuelven a contestarme a vuelta de *e-mail*. Son majos. Se lo han tomado en serio. Así da gusto.

22
DÍA N.º 3. EMPRESARIOS Y BANCOS

TERCER DÍA

Hay que seguir trabajando y ahora les toca al VP 1 —otra vez— y al 3. Asiste el 2, que se ha ido un par de días a Francia a conocer a los franceses que nos ayudan y ha vuelto encantado. Hoy quiero hablar de dos puntos:

Punto n.º 1. Hay que ayudar a las empresas y a los empresarios

Si es verdad que esto o lo sacan adelante las empresas o no lo saca nadie, y yo creo firmemente que es así, tengo que hacer algo para que las empresas salgan del bache en el que están metidas.

Aquí tienen que trabajar el Ama de Casa (VP 1) y el de Relaciones con la Gente (VP 3), porque uno es el de las *perras* y otro el que trata con los que trabajan en las empresas y, en las empresas, las *perras* son muy importantes.

Vemos que hay que hacer muchas cosas. Escribimos unas cuantas y pensamos que las que falten, ya se nos ocurrirán, porque no hay mejor manera de que se te ocurran cosas que trabajando. Aquello que me parece que dijo Cela que procuraba que la inspiración le llegase cuando estaba trabajando, es una verdad como un templo.

Hay que conseguir que ser empresario esté bien visto y que la definición de empresario que me dio un señor sea solo eso, la opinión de ese señor, y no la verdad. Esa definición dice que el empresario es «depredador carroñero que suele unirse al gran depredador. Este quizá tenga más hambre que el primero y también más vicios, por lo que es de las especies más dañinas». (Nota: Del «gran depredador» hablaremos luego).

Y para que no sea la opinión generalizada, hemos de conseguir que el empresario NO SEA ESO. Ya sé que muchos empresarios no son eso. Por lo menos, la mayoría de los que conozco, pero hay algunos, a los que también conozco, que hacen lo posible para que se les pueda definir como les definía ese señor.

Estos empresarios, que no son empresarios, y cuyos nombres podría recitar de memoria y, si me apretáis un poco, por orden alfabético, reúnen las siguientes cualidades:

1. Piensan que como a ellos se les ocurrió un negocio, los demás son unos desgraciados.
2. Piensan que esos desgraciados no tienen ningún derecho más que cobrar lo menos posible, porque

para eso él es el jefe, el listo, el amo, el que puso el dinero.

3. Piensan que el horario de esas personas debe ser el que cada día le apetezca a él, en función de la hora de su siesta, de si está de buen humor a las nueve de la noche, etc.
4. Piensan que si las cosas van bien, es gracias a ellos y si van mal, es culpa de los demás.
5. Piensan que los demás les engañan siempre, que nadie juega limpio y si alguien hace bien algo, tienen un violento ataque de celos y se lo cargan, porque ¿a quién se le ocurre tener ideas?
6. «Piensa mal y acertarás», les parece la regla de oro.
7. Piensan...

Al llegar aquí, me doy cuenta de que he utilizado mal la palabra «piensan», porque estos señores, muy ricos, muy famosos y muy poderosos —poderosillos sería más exacto—, de pensar, NADA.

El empresario NO ES ESO. En el otro libro —*La Crisis Ninja*— dije que el empresario es el que se juega su dinero, se rodea de la mejor gente que puede, respeta a los que trabajan con él, da ejemplo con su trabajo y su dedicación a los demás, hace equipo, remunera bien a la gente y hace las reservas necesarias para que la empresa vaya bien —lo cual exige que no se lleve el dinero a casa en forma de dividendos enloquecidos porque para algo es el amo.

El empresario, con frecuencia, duerme mal. Porque sabe que se juega su patrimonio, sabe que hay bastantes familias que dependen de que él acierte y sabe que las cosas están como para no pensar que ya ha llegado al éxito definitivo, porque, como dice un amigo mío: «Torres más altas cayeron».

Necesitamos empresarios, muchos y muy buenos. Porque si no hay empresarios, no hay empresas. Y si no hay empresas, no hay puestos de trabajo para todos los que no son empresarios. Y si no hay puestos de trabajo, no hay dinero para que la gente se lo gaste por ahí —como diría algún político, «para que consuman», palabra que ya sabéis que me repele y me repugna, porque no quiero ser un consumidor. Quiero ser un gastador con cabeza—. Y no sigo, porque me estoy repitiendo y el que haya leído mi libro anterior se aburrirá y el que no lo haya leído, no lo comprará.

A los chavales, en las escuelas de negocios, hay que enseñarles lo bueno y lo apasionante que es ser empresario. Y cuando vemos que un chaval hace *negocietes,* sanos, por supuesto, nos tenemos que alegrar.

Yo tenía un amigo propietario de una empresa muy importante dedicada a la venta de artículos eléctricos. Era todo un comercial. Pero su imagen externa no era la del «clásico» comercial, alto y guapo, agresivo, charlatán. Era bajito, más bien feíto, no hablaba bien, ni se expresaba con claridad. Pero había creado una empresa fenomenal. Un día le pregunté cómo había empezado. Me dijo que, en el colegio, solía ir por las papeleras —eran otros tiempos—, recogiendo los lápices que los demás habían tirado porque ya casi no quedaba lápiz, a fuerza de sacarle punta. Él cogía los restos de lápices, los limpiaba, les volvía a sacar punta y se los revendía a sus compañeros. Entendí perfectamente cómo había llegado a ser lo que era y cómo, gracias a él, doscientas familias podían vivir.

Por supuesto, cuando un tío es un depredador, o sea, uno que «roba o saquea con violencia y destrozo», ese tío no es un empresario. Es otra cosa. Si, además, es carroñero, o sea, «persona ruin y despreciable», tampoco es empresario. Es, simplemente, un tío ruin y despreciable.

Después de este discurso, que han seguido los miembros de mi equipo con silencio sepulcral, me quedo descansado y digo: «HAY QUE AYUDAR AL EMPRESARIO».

Punto n.º 2. Hay que animar a las entidades financieras a que hagan lo que tienen que hacer y no hagan lo que no tienen que hacer

El VP 2, que por ahora no suele hablar, porque lo suyo es lo de la Paz, la Honradez y la Tranquilidad, me dice: «Oye, ha quedado pendiente lo del "gran depredador". ¿Nos lo puedes aclarar?».

Voy otra vez al papel que me dio aquel señor, en el que ponía tibios a los empresarios. Realmente ponía tibio a todo hijo de vecino, incluidos los sindicatos, la clase política, los trabajadores y los parados. No se libraba nadie.

Y en ese papel, ese señor hablaba de la banca, y la definía como «el gran depredador de la cadena. Asesino nato, mata por puro placer, devora todo lo que sale al paso aunque no tenga hambre, es capaz de destruir especies completas, pero pide perdón a su dios particular y punto».

Cuando les leo esto, todos dicen: «¡Qué bestia!». Mi amigo de San Quirico, que se ha callado, me comenta en voz baja, pero suficientemente audible: «No es verdad, pero algunos se lo han ganado».

Y nos lanzamos a hablar de las entidades financieras, de las que me han dicho muchas cosas en las conferencias que he dado y a las que me he referido al principio del libro.

Lo más fino que podemos decir es que no se han lucido excesivamente en este período. Y peor aún, que siguen sin lucirse. Y mucho peor aún, que algunos tontainas que trabajan en esas entidades hasta parece que presumen de las bobadas que hacen. Y entre esos tontainas alguno ha dicho que ellos no tirarán de la economía, sino que la acompañarán en su recuperación. Este chico se podía callar de vez en cuando, o mejor, siempre. Menos mal que no sabemos quién es.

La noticia que leí decía que era «un alto ejecutivo». Supongo que ya le habrán degradado y ahora será un bajo ejecutivo, que llevará una etiqueta que ponga: «Peligroso. No escuchadle».

Lo de las entidades financieras es curioso. Porque el presidente Zapatero se ha reunido espectacularmente con ellos en la Moncloa varias veces. Recuerdo dos: una en la que todos estaban sentados en unos sillones muy majos, muy cómodos, de esos que sirven para echar la siesta, pero no para trabajar. Sin papeles. O sea, trabajando de memoria. Y la segunda, en unos pupitres de diseño y con papeles, para que se viera que allí habían ido en serio. Bueno, pues las dos reuniones han acabado en agua de borrajas. Porque todo el dinero que, de un modo u otro, ha entrado en las entidades financieras —en casi todas, y así no molesto a nadie— se lo han guardado porque lo están pasando muy mal y lo están pasando muy mal porque han hecho tonterías ingentes, entendiendo por *ingente* lo *enorme*. Porque han prestado billones —con b— de pesetas a empresas a las que no se les podía prestar ni un duro. Porque se han fiado del primer cantamañanas que les ha vendido unos productos superestructurados que no han entendido y nos los han vendido a nosotros, que los hemos entendido menos aún, pero que, por complejo de inferioridad, hemos comprado un producto absolutamente ininteligible, eso sí, firmando veinte o treinta páginas de contrato, sin saber en absoluto lo que hacíamos.

No puedo resistirme a contaros lo que me acaba de pasar. Tengo en la Caja de Ahorros de San Quirico una cuenta corriente. El otro día me enteré de que mi mujer no era titular y que solo estaba «autorizada». Quise que fuéramos titulares ella y yo. Según me dijo el director de la agencia, el tema era muy difícil, por razones fiscales. No sé cuáles. Pero en cuanto te nombran el fisco, te convencen.

Pensé que lo más práctico era cancelar la cuenta y abrir otra, tal como yo quería. Así se hizo. El director de la agencia de San Quirico conectó la impresora, que empezó a escupir papel, tanto que pensé que se había estropeado y que no se pararía hasta que se acabasen las hojas. Pues no, señor. Aquello era el contrato. Tenía doce páginas.

En contra de lo que aconsejo a todo el mundo, firmé sin leer. Conozco al director de la agencia hace tiempo, como muy bien sabéis, sé que es una buena persona y que no me va a estafar —conscientemente—. Pero así no se hacen las cosas. Porque si mañana me dijeran que le había donado graciosamente mi casa de San Quirico al presidente de la Caja, no me extrañaría.

Con las entidades financieras hay que hablar, en un bar, en su despacho o en donde sea. Uno por uno, sin prensa, sin tele, sin nada. Y hay que decirles bastantes cosas:

1. Que la labor social no consiste en ayudar a Zambia. Que a Zambia se la ayuda después de ayudar a los clientes honrados, que son muchos. Y a las empresas honradas llevadas por personas honradas, que también son muchas.
2. Que, si lo están pasando mal, se den cuenta de que otros, por su culpa, lo están pasando peor. Y que hagan un esfuerzo.
3. Que se arrepientan de sus pecados y dejen de vender fondos vehiculares estructurados garantizados por obligaciones convertibles ligadas a la cotización de las acciones de un banco islandés, que, por supuesto, ha quebrado.
4. Que si el dinero no llega al empresario y a las familias —y repito, al empresario honrado, o sea, a muchos, y a las familias honradas, o sea, a muchas—, que algo habrá que hacer. Y ese algo no sé qué es. Pero si ese algo fuera malo para ellos, no tendrían ningún derecho a quejarse.

Lo de nacionalizar la banca no me ha gustado nunca, como no me ha gustado nacionalizar nada, como no me ha gustado quitar la libertad a nadie. Pero cuando uno utiliza la libertad para jorobar al prójimo, es que no se ha enterado de qué es la libertad.

Le digo al Uvepé 1 que vaya pensando qué podemos hacer para que estos señores se den cuenta de lo que han hecho, se den cuenta de lo que están haciendo y actúen en consecuencia —que no sé exactamente qué quiere decir.

Pero quiero tener la respuesta de todos ellos, por escrito y firmada. No quiero que me respondan con una entrevista larga al día siguiente en los periódicos. Quiero que me contesten antes de una semana. Porque, vuelvo a recordar, no tenemos tiempo, ni los del *safety car,* ni, mucho peor, España.

Y como adorno, por favor, que se pongan los sueldos que quieran, pero que no lo digan. Que no digan tampoco que se han rebajado el sueldo cuando resulta que se lo han subido, pero, como no han conseguido los objetivos, la suma del fijo —sueldo— más el variable —lo que hubieran cobrado por objetivos— es inferior a la suma del año pasado. Eso no es rebajarse el sueldo. Eso es hacerlo mal y pagar las consecuencias.

Y, por favor, que ganen dinero, pero que no lo enseñen demasiado. Ya sé que es conveniente para los bancos que nos enteremos que sus negocios van bien y que ganan mucho, para que compremos sus acciones y sus participaciones preferentes y sus fondos vehiculares, etc., pero, en las actuales circunstancias, esos beneficios suenan mal y suenan a falta de pudor, que es una virtud que exige «honestidad, modestia y recato», según el *Diccionario de la Real Academia Española* que tanto utilizo.

Además, me gustaría que nos digan qué parte del dinero se debe a las comisiones que nos cobran por casi todo. Porque cuando lo publicaban, que ahora lo publican menos, muchas veces las comisiones coincidían con el beneficio neto. Y a mí, que no entiendo, me suena que, si no fuera por las comisiones, algunos no ganarían dinero, o ganarían bastante menos. Y no sé por qué, pero no me gusta.

Y si, además, incluyen como beneficios los dividendos que les han dado unas acciones que compraron, igual resulta que en su negocio normal han perdido bastante dinero.

Y como el director de una entidad financiera española ha dicho que deberían volver al negocio tradicional y un señor del Banco Central Europeo ha dicho lo mismo, pienso que como vuelvan al negocio tradicional, van a presentar unos resultados impresentables.

Todo eso hace que quien más, quien menos, piense mal. Y luego, cuando aparece Pepe el del Popular, que dicen que se llevó no sé cuántos millones de ese banco, hasta hay gente a la que ese señor le cae bien, aunque ese señor, si es verdad que se llevó el dinero, sea un personaje poco de fiar.

FIN DEL TERCER DÍA

Acabo la reunión. Esto es duro, pero es que hay que hacer muchas cosas. Ya nos lo esperábamos. Mi amigo de San Quirico dice que a él le está resultando fácil, porque aquí lo único que hay que hacer es echarle sensatez.

Y, mientras vamos a casa, me dice lo de siempre: «Ya me lo decía mi madre: "Hijo mío: sentido común y nada más"».

Seguramente, hay algo más que el sentido común. Pero si el sentido común falla, lo demás no sirve absolutamente para nada.

Ceno, hablo un poco con mi mujer y los hijos que están en casa. Los niños están durmiendo. Esta es la hora mágica en la que todo está en silencio. *Helmut* duerme, aunque no necesita silencio para dormir. Mi mujer y mis hijos juegan al Continental. Nunca he conseguido aprender.

Me voy al despacho. *Helmut* se despierta y viene a seguir durmiendo. A veces se equivoca y se deja caer sobre mis pies. Y cuarenta y nueve kilos sobre los pies son muchos. Hoy ha caído bien. Hago el acta y, cuando la acabo, pienso: «Con lo fácil que parece lo del sentido común, ¿por qué escasea con tanta frecuencia?».

No estoy ahora para discurrir. Pero si mañana me levanto pronto, igual lo pienso un poco. Hasta puede ser que se me ocurra algo.

23
Descanso. El sentido común

Intermedio

Hace años, en una empresa, hicimos un trabajo un hijo mío y yo. Tuvimos una reunión con varias personas. No me acuerdo del tema. Sí recuerdo que alguien dijo: «Esto es de sentido común», y uno le contestó: «Tu sentido común puede no ser mi sentido común».

Estaba diciendo, en otras palabras, que el sentido común no existe. Que para mí el sentido común puede ser ir vestido de chaqué si me invitan a una boda en la Zarzuela y para otro el sentido común, para esa misma boda, puede ser ir vestido de delantero en punta del Athletic de Bilbao, con botas y espinilleras incluidas. Y así podemos poner otros ejemplos.

Sin embargo, hay personas con las que hablas y con las que da gusto hablar. Porque son equilibradas, porque «saben estar», porque tengan dinero o no hacen buen papel en todas partes, porque a su lado se está bien, porque respetan a los demás, porque les ayudan, porque cuando dan su opinión sobre algo, esa opinión tiene peso.

Y hay personas con las que no da gusto hablar o no da gusto oírles. Porque son desequilibrados, fanáticos —ahora se llaman *fundamentalistas*—, que tienen que implantar su ideología —por llamarle de algún modo, porque estos tipos no tienen ideas, porque para tener ideas hay que discurrir y para discurrir hay que tener un mínimo de materia gris— y, como tienen que imponer su ideología, dicen una serie de besugadas y convencen a la gente de que *mi sentido común no es tu sentido común* —gracias a Dios—, pero que mi sentido común es el que vale.

Uno ya es mayor y a veces no tiene ganas de discutir. Pero cuando ves actuar a gente así y, peor aún, les ves con responsabilidades, y, peor aún, les ves tratando de influir en los demás, te sientes en la obligación de decir: «Mira, majo, tú no tienes sentido común. Lo siento, eres muy simpático, sonríes angelicalmente, tienes un asesor de imagen buenísimo, te haces unos trajes que te están muy bien —y además los pagas—, pero hace tiempo que se inventó el refrán aquel que dice que "aunque la mona se vista de seda, mona se queda". Y mira, eres una MONA. NO TIENES SENTIDO COMÚN y, por tanto, no vales para NADA y, además eres peligroso. Y no tienes sentido común porque el que tenías de origen lo has estropeado a lo largo del tiempo, con un trabajo duro y echándole horas al estropicio».

La próxima vez que mi amigo de San Quirico me diga lo de su madre, le responderé que no sabe lo importante que es para una persona que le digan que tiene sentido común y, más aún, decirle que es NORMAL.

Todo esto es lo que se me ha ocurrido por madrugar. Lo releeré esta noche, y si es fruto de que cuando me levanto tengo la tensión muy baja, lo borraré. Pero si, al leer el libro, lo encontráis, es que con la tensión normal, me ha parecido que lo debía mantener.

24
Día n.º 4. Más empresas

Cuarto día

Hoy toca hablar otra vez de las empresas, porque sigo pensando lo mismo: que tenemos que conseguir que en las empresas se trabaje bien y mucho. Y que se gane dinero. Y que se reparta bien. Y que todos se enteren de que es bueno que se gane dinero.

Volvemos a reunirnos. Me interesa que estén animados y sacamos un poco de vino, un vaso para cada uno, para que se animen, pero no demasiado.

A todos los que trabajan en una empresa les conviene que aquello marche bien. Por lo del sentido común.

Los que participan en una empresa son:

1. Los que han puesto las *perras,* llamados a veces *los cochinos capitalistas*. O sea, en el Banco Santander, por ejemplo, Emilio Botín y yo. Porque yo tengo cien acciones del Santander —don Emilio tiene más— y a mí me interesa mucho que el Santander

vaya bien. Tanto don Emilio como yo podíamos haber guardado esas *perras* en el colchón, como suele recomendar mi mujer. Para poner el dinero, basta con tenerlo y con querer ponerlo, no hace falta saber de aquello. En el caso del Santander, don Emilio sabe mucho. Yo, nada. Si yo tuviera tanto dinero como don Emilio, tendría tantas acciones como él. Pero seguiríamos igual: él, sabiendo mucho. Yo, no sabiendo nada.

2. Los señores que los de las *perras* hemos contratado para que les dirijan la empresa y les den muchas *perras*. Por ejemplo, Alfredo Sáez, consejero delegado del citado Santander. En este apartado es obligatorio que estos señores sepan del negocio y que sigan aprendiendo. No se admiten aficionados ni gente que «ya se lo sabe todo».
3. Los señores que los que dirigen han contratado para que les ayuden a hacer el trabajo. Por ejemplo, el director de la oficina de la Caja de Ahorros de San Quirico, que no tiene nada que ver con el Santander, pero me acerca el ejemplo. También tienen que saberse el negocio y continuar aprendiendo. En este caso, se lo tienen que saber muy bien, porque se lo tienen que explicar al señor de la calle que acude allí.

Todos van en el mismo barco. A todos, si son normales, les interesa que aquello vaya bien. Digo si son normales, porque si estoy en una empresa privada y quiero que se hunda la empresa privada, pero no aquella, sino todas, haré lo posible para que se hunda y luego diré:

«¿Os fijáis lo mal que van las empresas privadas?». Y si odio a la empresa pública, haré lo mismo. Pero eso es no ser normal. Eso es ser totalmente anormal.

En esa empresa todos han de cobrar:

1. EL QUE HA PUESTO LAS *PERRAS,* porque las podía haber puesto en otro lado y yo me hubiera quedado sin empleo. Mi empleo lo tendría otro. Además, porque en las empresas que cotizan en Bolsa, igual se me ocurre comprar unas acciones y yo quiero que me den dividendo, porque si no, las venderé y me llevaré mi dinero a otra empresa. O sea, que aquí, capitalistas somos muchos, no solo esos señores que llevan chistera, cadena y reloj de oro y fuman puros. Hay mucho capitalista por ahí que ni chistera ni cadena ni reloj ni puro, pero capitalista.
2. LOS QUE DIRIGEN ESA EMPRESA, a los que les interesa que vaya bien, porque así ellos cobran, salen en *Expansión* —suelen salir más que los que han puesto las *perras,* o sea, más que tú y que yo—, y se van ganando un prestigio para que, cuando les echen, o se cansen de ellos, les fichen en otra empresa.
3. LOS QUE TRABAJAN EN ESA EMPRESA Y NO DIRIGEN. No dirigen «oficialmente», porque en las empresas casi todos dirigen. Una secretaria dirige a otras dos, no porque tenga el cargo de directora de secretarias, sino porque lleva más años, porque es más lista o porque hace las cosas mejor y es un poco mandona. Y un obrero manda al aprendiz, aunque no sé si todavía existen los aprendices, o

manda a los obreros más jóvenes, a los que les enseña los trucos que él ha aprendido durante su vida. Todos dirigen, más o menos.

Hace poco di una conferencia para ejecutivos de una empresa. Me dijeron que allí estaban todos los que tenían alguien a sus órdenes, aunque fuera una sola persona. Pues estoy seguro de que, en esa empresa, hasta esa sola persona tiene alguien a quien dirige en cierta manera, o le influye o le orienta.

A todos les interesa que aquello vaya bien. Al Gobierno le interesa que las empresas vayan bien. No le interesa que ganen dinero unos o que ganen dinero otros. Le interesa que ganen dinero TODOS. Y que todas las empresas del país vayan bien.

Por eso, es una bobada y una sinsorguez que un ministro o un presidente de un Gobierno europeo ataque a los empresarios y se ponga a favor de los «trabajadores», como si unos y otros no trabajasen y al presidente o al ministro no le interesase que todos trabajasen mucho, produjesen mucho y lo pudieran vender y ganarse bien la vida.

Lo que pasa es que si a ese presidente le dan miedo unos, porque cree que son más y si se le ponen chulos, no le votan y gobierna mirando continuamente una urna que tiene en su despacho, que ahora está vacía, pero que la quiere ver llena de votos de aquí a tres años y, en vez de gobernar, dribla como Messi, sin darse cuenta de que no es Messi, al final acaba poniéndose la zancadilla a sí mismo, perdiendo el balón y haciendo que todo el público, partidarios y no partidarios, le peguen una pitada monumental.

Les encargo al VP 1 y al 3 que llamen a los que representen a los que han puesto el capital y a los que representen a los que dirigen, a los que no dirigen tanto, pero sí algo y a los que no dirigen nada —son muy pocos—, y que se los lleve a un parador. Relativamente, cerca de San Quirico está el de Sau. No es lujoso, pero está bien y nos harán buen precio. Además, si hay agua en el pantano, se ve todavía la torre de la iglesia del pueblo que inundaron para hacerlo, y, si no hay agua, se ve la iglesia entera, que no sé cómo aguanta, pero aguanta. Es que antes se construía muy bien.

Cuando un hijo mío hacía el servicio militar en Zaragoza, fue con unos compañeros al Pilar. Al llegar allí, uno de ellos abrió la boca lleno de asombro, y dijo: «¡Casas así ya no se construyen!».

En ese parador van a tener pagados el alojamiento, el desayuno, la comida, la merienda y la cena, todo a cargo de los Presupuestos Generales del Estado, porque mi amigo de San Quirico dice que son mucha gente y que él no está para tanto gasto. El VP 3 se quedará con ellos todo el tiempo que estén, que será ilimitado. De allí no saldrán, salvo caso de muy grave enfermedad, hasta que lleguen a un acuerdo, y hasta que esa dichosa reforma laboral de la que llevamos hablando tanto tiempo no haya sido firmada por todos.

Durante el tiempo de encierro no habrá prensa, ni radio, ni televisión. No habrá tampoco móviles. Quizá, mis amigos periodistas se enfadarán, por aquello de que el pueblo tiene derecho a estar informado. Pero el pueblo tiene derecho también a que no le mareen unos señores que, por quedar bien con el pueblo y, especialmente con sus amigos, dicen tontadas en cuanto se les pone un micrófono delante y si no se les pone, van a buscarlo.

No sé cómo tiene que ser la reforma laboral, pero sí sé que ha de reunir las siguientes condiciones:

1. Que los empresarios no tengan miedo a contratar personas.
2. Que las personas contratadas puedan trabajar con paz, en un ambiente de exigencia y de responsabilidad, sin miedo a despidos egoístas.
3. Que estas personas se formen continuamente.
4. Que estas personas estén bien pagadas.
5. Que estas personas tengan una jubilación digna, sin miedo al futuro.

Como esta lista seguramente es incompleta, el primer día en el parador se dedicaría a completarla, de modo que, al acabar el día, el VP 3 pudiera decir: «Esto es lo que todos queremos conseguir». Y al día siguiente, a pensar y a trabajar.

A mi edad, hasta me atrevo a hacer hipótesis. Y hago una: que en esas condiciones —trabajo serio, gente honrada que quiere llegar a acuerdos, sin ruido mediático— se llegaría a un acuerdo en un tiempo muy breve. Quince días como máximo. Si se llegaba a un acuerdo en menos tiempo, mantendríamos a todos en el parador hasta que se cumpliesen los quince días, para que el público no se diera cuenta de lo fácil que era el asunto si se ponen las debidas condiciones y si a estos chicos se les quita la posibilidad de decir las tontadas ante los micrófonos a las que me he referido antes.

25
Se acabó la primera reunión

Esta reunión ha durado cuatro días, pero es que era la primera y había que poner a la gente en marcha muy rápidamente. Ha sido algo así como el pistoletazo de salida. El VP 1 y el 3 están hasta el gorro de trabajo. El 2, también, pero con la cosa en marcha.

El acta final

Empalmo las actas de los cuatro días y hago la definitiva. La leo. Me parece que me ha salido un poco larga. Creo que recoge todo.

26
NECESITO OTRO VICEPRESIDENTE

Con menos calor, se discurre mejor. Paseo con *Helmut* y, a veces, hablo solo. Igual alguno de mis vecinos piensa que voy hablando con el perro, pero me da lo mismo. Son todos muy buena gente.

El petirrojo sigue paseando por casa y lleva dos días viniendo con la petirroja. El otro día les descubrí en la mesa de mi despacho mirando de cerca un petirrojo de plástico que me regalaron cuando di una conferencia en el Campeonato Mundial de Parchís.

Algo increíble. En un pueblín de Huesca, El Grado, organizan este Campeonato Mundial. En el pueblo viven quinientas personas. Hay seiscientos cuarenta inscritos. Vienen de varios países. Gana la pareja de Colombia, en una final emocionantísima transmitida en directo por Radio El Grado, que no es la BBC, precisamente. Cuando yo hablo de la importancia de la iniciativa privada, también me refiero a los alcaldes que se ponen a discurrir y que, discurriendo, ponen a trabajar ilusionadamente a su pueblo. Y, como consecuencia, los hoteles de la zona, llenos. Y los restaurantes, también. Y las estaciones de servicio, con colas. ¡Ay, Señor! Si, al final todo va a consistir en lo de siempre: trabajar mucho, discurrir mucho, sonreír mucho.

Los petirrojos tenían cara de celos, pensando que el pajarillo ese les había quitado el puesto.

Como el pajarillo no se mueve, me parece que se han dado cuenta de que no es de verdad y de que mi corazón sigue estando con ellos. Mi corazón, y mi casa y mi despensa. Porque yo creo que estos me quieren por mi dinero. Y, como ahora les he hecho famosos, por la fama.

Paseo con *Helmut,* que va marcando su terreno, árbol tras árbol. De vez en cuando se mete en casa de un vecino, pero no molesta y la gente lo quiere. Enfrente de mi casa hay un estudio de grabación fenomenal, al que vienen a grabar muchos grupos y muchos cantantes. Cuando *Helmut* oye que llega un coche, sale ladrando y siempre oímos que los que se bajan del coche —Marina Rosell, Sidonie, Amaral, Bunbury, Carmen París...— gritan: «¡Hola, *Helmut!*». En ese momento hace unas cuantas cabriolas —discretas, porque con su peso tampoco es un modelo de agilidad— y se vuelve a casa, feliz de haberse relacionado con gente famosa de verdad.

Mientras paseo, pienso en algo que oí el otro día en un programa de televisión y que se refería a la educación de los hijos. En esos programas, a mí me consideran una autoridad, cuando digo lo de mis doce hijos y cuando antes decía lo de los treinta y ocho nietos, que ya han pasado a treinta y nueve y que pronto llegarán a cuarenta.

Cuando a uno le consideran una autoridad en algo, lo fundamental es saber lo que uno sabe y lo que uno no sabe. Yo de educación de hijos sé poco y he leído poco. A mí «la vida me ha hecho máster», como al político de quien hablé hace unos capítulos.

Pues sí, la vida me ha hecho máster, porque entre mi mujer —otra máster— y yo hemos tratado de educar a doce mocicos/as, que, aunque el denominador sea común, tienen muy distintos numeradores. Por cierto, ¿os acordáis de los quebrados? No sé si siguen existiendo. Me temo que ninguno de mis nietos sabrá lo que es un quebrado.

Lo que pasa es que para ser máster en Educación de Hijos, lo mismo que para todo, es bueno tener unos principios fundamentales en los que el marido y la mujer estén de acuerdo. Esto es algo parecido a lo que he dicho sobre el comienzo de la reunión en el Parador del pantano: que va muy bien que se dedique un rato a sentar las bases. Luego, una vez sentadas, que cada uno haga lo que le dé la gana. Porque si la base —el denominador— es sólida, a mí qué me importa cómo es el numerador.

Antes de seguir adelante y para que no penséis que se me ha ido la olla, que he cambiado el contenido del libro y que lo estoy convirtiendo en material de enseñanza para cursos de orientación familiar, tengo que deciros que esto está muy relacionado con lo anterior. Y que va a conducir a nombrar otro Uvepé, el 4, al que no sé qué nombre le pondré, pero que me gustaría que se llamase el Responsable de la Buena Educación.

Ahora, dejadme que siga y perdonad la digresión, pero creo que hacía falta para hablar del citado VP.

El denominador

Hay cosas que superan las ideologías. Hay gente bien educada de derechas, de izquierdas y de etc. También en esos sitios hay gente muy mal educada. Hay ricos impresentables. Y pobres, dignísimos. Y al revés. Hay *beautiful people* —gente guapa, de esa que sale en las revistas de papel *couché*— dignísima, y otros, impresentables. Una de mis mayores sorpresas en esta temporada de farándula que llevo es la cantidad de virtudes humanas que he descubierto en gente a la que solo conocía por los programas del corazón.

No suelo verlos, pero son peligrosos, porque, si entras, no sales. Es decir, si empiezas a ver un programa de esos, te engancha, porque hablan de XX que se ha casado con YY y que cada uno ha aportado XX hijos de sus anteriores parejas, y que un hijo de una pareja odia a una hija de la otra pareja y que la semana que viene continuaremos con este tema, llega la semana que viene y vuelvo al programa, porque el asunto me había dejado preocupado. Y como en estos programas no solo no se arreglan las cosas, sino que se complican cada día más, pues espero ansioso el de la semana que viene. Por eso digo que esos programas no se pueden ver, porque me quedo pegado a ellos y luego no puedo dormir, pensando en lo mal educados que están algunos.

Hablo con el VP 4

Al VP 4 le doy solamente un encargo: que prepare en una semana una nota sobre lo que él considera que es la buena educación. Yo, en esa semana, voy a hacer lo mismo por mi cuenta. Y después nos reuniremos y veremos qué se nos ha ocurrido. Y como dicen los que saben de estas cosas, haremos una *puesta en común,* que es lo que antes se llamaba *a ver si nos ponemos de acuerdo.*

El VP 4 se va. Le noto ligeramente preocupado, porque piensa que su responsabilidad es grande. Es que tenemos que proponer a nuestra nación que, dentro de la revolución civil que estamos montando, una parte fundamental sea conseguir que los cuarenta y seis millones de españoles seamos un modelo de buena educación para los habitantes de todo el mundo, porque puestos a hacer la revolución, hagámosla bien y si nos sale exportable, mejor que mejor.

27
UNA DECLARACIÓN DE INTENCIONES

Pienso que, antes de empezar mi lista, me va bien hacer otra lista, como una declaración de intenciones, para que se sepa por dónde voy. En primer lugar, para que lo sepa yo.

En primer lugar, querría que mi lista fuera AMBICIOSA, por lo de la exportación.

En segundo lugar, me gustaría que fuera LIMPIA, o sea, que la gente la estudiara a fondo y no pensase antes de leerla aquello de «¿qué andará buscando este?».

En tercer lugar, me gustaría que no fuera SEXISTA, palabra que no me gusta nada, pero que ahora es obligatorio usar. Con no sexista quiero decir, que sirviese para mujeres y para hombres.

En cuarto lugar, que FACILITARA LA VIDA a la gente, que bastantes amarguras tenemos encima como para añadir más.

En quinto lugar, que fuera NATURAL, es decir, que la gente dijera: «¡Ah, claro!, esto es lo de siempre. Lo que pasa es que se nos había olvidado un poco».

En sexto lugar, que sirviera PARA SIEMPRE. Yo sé que intentar que las cosas sirvan para siempre es una utopía, pero cuando digo «para siempre» quiero decir que no lo cambiemos aprovechando los cambios de legislatura. Que sea como una especie de CONSTITUCIÓN PARA LAS PERSONAS, en la que todos nos pongamos de acuerdo.

Y en séptimo y último —por ahora— lugar, que sea REALISTA. Es decir, que cuando a un señor de Gallur, provincia de Zaragoza, por poner un ejemplo, no le guste lo que hayamos decidido y no quiera seguirlo, le respetaremos, porque sabemos que no a todo el mundo le puedes caer bien. En el caso del señor de Gallur, igual pensaremos que es un poco brutico, pero allá él. Se diferenciará de los demás en el numerador y también en el denominador.

Y CON ESTA BASE, ME PONGO A HACER LA LISTA

Le envío por *e-mail* al Uvepé 4 lo que se me ha ocurrido. Le digo que son las bases sobre las que me voy a apoyar para hacer mi lista. Él me envía sus bases. Más o menos, coincidimos. Él es un poco menos ambicioso. Dice que ya firmaría si consiguiésemos que esto se lo creyera el 40 por 100 de nuestra población. Sí, seguramente es verdad. Pero me parece que hemos de ser ambiciosos, muy ambiciosos, porque para volar como gallinas, de salto en salto, no merece la pena tener alas. Que las águilas lo han entendido muy bien. Y, a su nivel, mis petirrojos, también.

Esto de la ambición no lo diremos, porque no es prudente ir de estupendo por la vida, y nos tenemos que dar cuenta de que, ante los seis mil millones de habitantes del planeta, lo que digan cuarenta y seis millones no pesa nada. Pero si consiguiéramos que, poco a poco, fuera pesando algo, estaríamos haciendo una cosa buena para la humanidad.

Quedamos de acuerdo en que vamos a intentar hacer las cosas bien y nos guardamos las ambiciones para nosotros, para que nadie diga, antes de tiempo, que estamos como unos auténticos cencerros.

La lista

El primer punto es tan importante que he estado por ponerlo en las bases. Pero lo pongo aquí. Es igual. Consiste en que quede muy claro que la educación de los hijos es la responsabilidad prioritaria de los padres. Esto trae consigo:

1. Que los padres tienen que mirarse al espejo, individualmente primero y los dos juntos después, y preguntarse: «¿Soy/somos un/os ser/es educado/s?».
2. Una vez que se hayan hecho esa pregunta y antes de contestar sí o no, han de cuestionarse otra cosa: «¿Qué quiere decir ser educado?».

Y aunque cada uno puede darse la contestación que quiera, igual les viene bien hacerse una serie de preguntas:

1. Antes de hacer las preguntas, hay que señalar que aquí no vale eso de «de 0 a 5, no eres educado;

de 6 a 10, eres medianamente educado; de 11 a 15, eres bastante educado, pero te falta algo; de 16 a 20, eres educado». No: aquí hay que contestar que SÍ a todas las preguntas. Es: o 20, o 0. No hay más o menos educados o más o menos impresentables. O SÍ O NO.

2. Hay que adaptar las preguntas a la situación real de cada uno, porque hay personas a las que, aunque sean educadas, no se las puede llevar a ciertos sitios, porque, por ejemplo, en esos sitios se habla en inglés y ellas no saben. Y serán unos bien educados mudos, y alguien pensará que son unos maleducados porque no contestan a las preguntas que se les hacen. También pueden pensar que son unos simpáticos sordos, porque no contestan y sonríen.

Con estas advertencias yo sugiero que, para lo que vamos a llamar Test de Buena o Mala Educación, la mujer y el marido se hagan preguntas como las siguientes:

1. ¿Como con la boca abierta, de modo que todos los que están conmigo puedan estar al tanto del avance en la masticación del chorizo o caviar que estoy engullendo?
2. ¿Cuando como y bebo, me limpio la boca con la manga de la camisa o del chaqué o utilizo la servilleta?
3. ¿Cuando mi marido/mi mujer me cuenta algo que ya me ha relatado sesenta veces, pongo cara de interés y de asombro, como si fuera una novedad y

le digo: «Sigue, sigue», en vez de «corta el rollo, tío/a»?

4. Si estoy con un enfado monumental porque mi jefe/a me ha hecho una auténtica guarrada por salvar su puesto, ¿lo paga mi marido/mi mujer? ¿Lo pagan, de paso, mis hijos, que no saben de qué va el asunto, pero que son los que reciben la bofetada?

Fijaos que, en estas cuestiones, no pregunto: «¿Le pego a mi mujer?», porque pegar a tu mujer no es de mal educados. ES DE SALVAJES. Me parece que eso se llama ahora violencia de género, pero el nombre técnico es SALVAJADA.

Tampoco pregunto: «¿Le hago la vida imposible a mi marido a base de estar pinchándole todo el día y no dejarle nunca en paz?». Porque hacer eso no es de mala educación. Es de neuróticas, que amargan la vida a su marido, haciendo que de repente estalle y diga cuatro groserías, de modo que la mujer pueda llamar a un teléfono que dan por la tele y quejarse de la violencia doméstica.

Y no sigo, porque esto puede parecer un examen de conciencia de unos ejercicios espirituales. Pero es que sí, que hay que ver cómo anda nuestra conciencia antes de quejarnos de que el/la ministro/a ha hecho una tontería o ha puesto una asignatura de Educación para la Ciudadanía, que en algunos sitios es de Deseducación para los pobres niños que tienen la desgracia de sufrirla.

Lo fundamental es que quede muy claro que los padres nos tenemos que educar o reeducar, porque si no, nos van a salir unos mozos que, excepto relinchar, hacen de todo.

Y de esto no tiene la culpa el Gobierno. La tenemos los X millones de padres españoles, incluidos los inmigrantes, a los que quizá se nos ha olvidado que la labor de padres no acaba cuando echamos los hijos al mundo o bien cuando los fabricamos en un tubo de ensayo.

Esta es la primera idea: que todo lo que se haga para que los españoles seamos los más educados del mundo —ya me he contagiado de los faroles que se pegan nuestros gobernantes— empieza por que los padres se planteen que lo suyo no es solo traer dinero a casa para alimentar a su rebañito. Que la cosa es mucho más gorda y más difícil, porque el rebañito está formado por personas. Y que los primeros responsables somos nosotros. Y que un país puede salir adelante sin escuelas y, por supuesto, sin ministro/a de Educación, pero no puede salir adelante sin que los padres actúen como lo que son, o sea: PADRES.

Hay una segunda idea que es consecuencia directa de la primera: que los colegios tienen que complementar la formación que los chicos reciben en casa.

Y esto trae consigo un trabajo importante para el VP 4: la formación de profesores, que tienen que tener claro lo de que ellos COMPLEMENTAN. En rigor, no educan. Eso es «en rigor», pero en la realidad sí educan. Todos recordamos al padre jesuita XX o al señor o a la señora XX, que nos enseñaron muchas cosas, pero que, fundamentalmente, ayudaron a nuestros padres en nuestra educación con una vida coherente con lo que nos enseñaban. O sea, que si enseñaban matemáticas, ellos tenían la mente estructurada matemáticamente y si enseñaban religión, la vivían.

Por cierto, veo clarísimo que una persona que no sea católica o que, siéndolo en teoría, no viva como tal, no puede enseñar religión católica, porque le patinará el embrague. Y estoy seguro de que, aunque yo estudie mucho el budismo, si no vivo como un budista y no me lo creo, seré un mal profesor de budismo y se me notará a la legua que estoy hablando de memoria, y que no me lo creo. Ya sé que el budismo no es una religión, pero como ejemplo, vale. Y no creo —ni quiero— que ningún budista se moleste por el ejemplo.

No se trata de indoctrinar a los profesores: como soy de derechas, tengo que transmitir los valores de la derecha. Como soy de izquierdas, transmitiré los de la izquierda. No. Se trata de transmitir valores de buena educación, que sean coherentes con los que transmiten los educadores número uno, o sea, los padres.

Quiero tener un país en el que cuarenta millones de personas:

1. No se insulten.
2. Se escuchen.
3. Dejen que el otro acabe de hablar para intervenir.
4. No luzcan sus defectos, a veces vergonzosos, presumiendo de ellos y despreciando al que no los tiene, llamándole retrógrado y hombre de Neanderthal.
5. No digan hoy, blanco, mañana, negro y al otro, gris botella, que no sé si existe, poniendo cara de que no mienten, en vez de empezar sus discursos con: «Hoy voy a mentir más que ayer, pero menos que mañana».

6. Se responsabilicen de todo lo que hagan, en vez de echar la culpa al prójimo, sea el prójimo de este siglo, del pasado o del otro. Con esta táctica, cuantos más siglos pongo, más posibilidad hay de descubrir prójimos culpables y más disimulado quedo yo, que soy el único responsable de la situación.
7. Se enteren de que las cosas les irán bien si ELLOS trabajan como locos y no si el Estado les da un subsidio por ser jóvenes, por ser viejos, por ser de mediana edad, o parados, o no parados, etc.
8. Se den cuenta de la estupidez que representan las manifestaciones exigiendo *trabajo... ¡ya!,* como si el *trabajo... ¡ya!* fuera algo que alguien estuviera obligado a darles porque ellos no van a mover un dedo para conseguirlo.

Al llegar aquí, paro de escribir, porque me pongo en la piel del Uvepé 4 y pienso que se va a agobiar. En este punto no hago caso a mi amigo José Mari que, cuando alguien le decía: «Hombre, ponte en su lugar», contestaba: «En su lugar, ya está él».

Pero un poco de agobio no le vendrá mal al VP 4, porque eso será la señal de que ha entendido lo gordo que es el problema de educación que tenemos en España.

La nación no está ahora para responsabilidades, trabajo, etc. Exagero al hablar de «la nación». Lo que quiero decir es que unos cuantos millones de los que vivimos en nuestra España nos hemos acostumbrado a vivir del cuento. El cuento puede revestir diversas formas: un PER en alguna Comunidad Autónoma, un subsidio, un regalo de unos euros por ser un buen español, etc.

He dicho «nos hemos acostumbrado» en vez de «nos han acostumbrado», porque siempre, siempre, siempre, la responsabilidad es del pueblo. Mejor dicho: de cada individuo del pueblo, incluyendo a cada uno de los lectores de este libro. SÍ, YO, TAMBIÉN. SÍ, USTED, TAMBIÉN.

Y lo grave de este asunto es que todos los individuos nos juntemos y digamos: «El Gobierno ya lleva X días en que no me da nada. Habrá que manifestarse». Y hala, a desempolvar las pancartas y a salir por el paseo de Gracia, por la Castellana o por el antiguo paseo de la Independencia, de Zaragoza, que ahora se llama avenida y que es por donde me gustaría salir a mí, para saludar a los amigos.

OTRO DESCONCIERTO

Nos reunimos el VP 4 y yo. Tiene una duda. Dice que, en el tema de la educación, estamos hablando de los cuarenta y seis millones de españoles y no de los chicos que hay que educar. Que los Planes de Educación —esos que cambian con tanta frecuencia y que hacen que los libros de un hermano no sirvan para el siguiente— suelen hablar de lo que tienen que aprender los chicos. Pero que a él le parece —no está seguro— que hemos cambiado el orden. Y que hemos puesto las cosas así: padres, profesores y chavales.

Dice que a él esto le gusta, porque es de sentido común, pero que no sabe si será demasiada revolución.

Le tranquilizo, porque las revoluciones se hacen así: replanteándose las cosas y viendo lo que los eruditos llaman «los signos de los tiempos».

Es que los tiempos han cambiado. Cuando yo tuve que ir al colegio, mis padres lo tuvieron fácil. Prácticamente, en cuanto a formación integral, todos los colegios eran iguales.

Aquí le digo al VP 4 que se dé cuenta que he dicho «formación integral».

Porque el fin último de la educación es formar personas, y formar personas es mucho más que sacar seres repeinados, que sepan inglés y que lleven un ordenador en la mano como las señoras llevan un bolso, y que se creen que son muy listos, y puede ser que sean buenos técnicamente, pero como personas dejan bastante que desear. Y así pasa lo que pasa. Y no me paro a describir lo que pasa, porque todos lo sabemos de sobra.

Y, aunque lo sabemos, a veces se nos olvida y creemos que, como el niño va hecho un sol, ya le hemos formado. Pues no. Porque puede darse el caso —y se da muy frecuentemente— de que hayamos fabricado un monstruito. Guapo y arreglado, pero egoísta, grosero, trepa, abusón, murmurador, zancadillero, cotilla, y no digo más cosas porque parecería lo que dice san Pablo cuando pone de vuelta y media a los cretenses, pero diciendo que lo ha dicho un poeta de aquella isla, que les debía conocer bien.

Sí, los tiempos han cambiado. Gracias a Dios. Porque cuando yo fui al colegio (1939) era fácil ser austero, porque acabábamos de salir de la Guerra Civil y había pocas cosas. Era fácil ser trabajador, porque había que sobrevivir. Eran más fáciles otras cosas: no gastar tanto en el móvil —no había—, en televisión —no había—, en Internet —no había—. Fijaos si seré mayor que cuando vine a estudiar a Barcelona en 1950, mi amigo Miguel Ángel tuvo un ataque de modernidad y me llevó a un bar donde había una cosa maravillosa: ¡Coca-Cola!

Por eso digo que los tiempos han cambiado, gracias a Dios. Porque aquello era muy bonito y ahora añoramos aquellos tiempos y nos entra la nostalgia, pero ¡¡que no vuelvan!!

No volverán, pero eso no quiere decir que no nos demos cuenta de que ahora, con las comodidades que tenemos, con las oportunidades que tenemos, con los problemas que tenemos, hay algo que no ha cambiado: la necesidad, la absoluta necesidad de ser PERSONAS. Y eso es lo que quiero que sepa el VP 4 —ya lo sabe—, porque el trabajo que le va a caer es de órdago.

La visita del VP 4 a las Comunidades Autónomas

Le pido al VP 4 que prepare un viaje por España para hablar con los presidentes de las diecisiete Comunidades Autónomas y con los responsables de la educación de cada una de ellas.

Aunque les podía haber citado en el parador del pantano, me parece más educado y más fino ir a verles, uno por uno. Quiero que hable con ellos de eso que queremos conseguir. Que no discuta ahora sobre Planes de Educación, ni sobre la asignatura tal o cual. No: quiero que se pongan de acuerdo todos —no será difícil— en el tipo de personas que queremos sacar. Y que quede muy claro que esto no es fabricación de niños según un molde —me parece que lo había dicho—. Es preparación de personas, cada una con su molde, pero con algo común: que sean personas. Le digo al VP 4 que hable del denominador común y de los miles y miles de numeradores.

Y si están de acuerdo —y, por favor, que estén—, que les encargue que revisen honradamente los Planes de Estudio y que comprueben si:

1. Esos Planes de Estudio tienden a formar PERSONAS.
2. Esas personas podrán ir por todo el mundo y no solo por la acera de la derecha de la calle Mayor de San Quirico.
3. Esas personas serán capaces de sacarse ellas solitas las castañas del fuego, sin esperar a que venga el Gobierno de turno a salvar a los pobrecitos.
4. Esas personas serán honradas.
5. Esas personas serán capaces de ayudar a los demás.
6. Esas personas serán fiables. O sea, cuando digan que hace sol, es que hace sol. Y cuando digan que llueve, es que llueve.

Y que les dé poco tiempo para hacerlo, porque no podemos olvidar que solo cuatro años por delante y que el *safety car* se tiene que retirar en una fecha precisa, sin posibilidades de volver a salir NUNCA y sin tentaciones de cambiar la Constitución para perpetuarse en el cargo, que más de un caso se ha visto por ahí.

28
UNA MANERA DE GOBERNAR

Lo malo de esto de gobernar es que hay que hacerlo todos los días. Esto pasa en cualquier trabajo que uno tenga. Por eso, trabajar cansa. Porque un día te levantas con ganas y parece que todo es fácil. Y otro día te duele una vértebra —y a medida que te haces mayor, te duelen más vértebras—, pero hay que seguir trabajando. Y, además, con ilusión. Y, además, con cara de ilusión, porque hay que animar a los demás, que también se cansan.

Me parece que los que saben de estas cosas, a esto le llaman liderazgo. La Megui, aquella tata que tuvimos en casa durante setenta y dos años y que fue una bendición de Dios, le hubiera llamado hacer las cosas bien.

En cuanto me descuido, me voy por las ramas. He puesto lo anterior porque, a pesar de que los Uvepés que he escogido son buena gente, tengo que dirigirlos. Porque, aunque tengan las ideas claras y sean buenas personas y quieran trabajar en equipo, tengo que ocuparme de que sea así. Porque la gente, en el fragor de la batalla, puede perder el norte, y alguien tiene que recordárselo. Y ese alguien es el que manda. O sea, ahora YO.

Tengo que despachar periódicamente con cada uno de los VP. Como son pocos, será fácil. Todavía no sé qué quiere decir «periódicamente». Al principio querrá decir casi todos los días, porque se trata de aterrizar muy rápidamente —no tenemos tiempo—, y no podemos permitirnos ni los cien días de gracia que dicen que todo Gobierno ha de tener. Aquí, de gracia, nada. Porque si nos dan días de gracia, nos puede apetecer acomodarnos y empezar a pensar que esto de mandar nos gusta.

LOS DESPACHOS BILATERALES

Haremos despachos bilaterales, o sea, uno a uno. Por ejemplo, el lunes, con el VP 1. El martes, con el 2 y así. Los despachos durarán lo que tengan que durar. Ni un minuto más ni un minuto menos. Los dos tendremos la lista de cosas que tiene que hacer el VP correspondiente y él me dará cuenta de cómo va avanzando. Si tiene alguna duda y se la puedo resolver, lo haré. Si la tiene y no se nos ocurre nada, llevaremos el tema al Consejo que celebraremos los viernes, porque es cuando la semana se va acabando y podemos ver las cosas con un poco de perspectiva. Además, ahora, los Consejos de ministros son los viernes. Cuanto menos cambiemos, mejor.

Al Consejo llevaremos otros temas.

Aquellos en los que un VP y yo no estemos de acuerdo, porque quiero que las decisiones se tomen en equipo. Ya sé que mi mujer dice que soy muy listo, pero en esto le haré caso a mi madre, que me decía que cuatro ojos ven más que dos. Y si somos seis personas en total, son doce ojos.

Aquellos en los que estemos de acuerdo, pero que nos parezca que son importantes. Sobre la marcha, iremos viendo lo que quiere decir «importante». Aquí hemos de evitar dos extremos: el de no llevar nada, porque para eso mandamos, y el de llevar todo, porque así, si las cosas vienen mal dadas, siempre podemos echar la culpa a los otros.

En estos despachos uno a uno estará presente mi amigo, el adjunto a la presidencia, para tomar nota de las cosas que vayamos hablando, y hacer como unas miniactas, sin ninguna formalidad, pero que nos recuerden, al VP que sea y a mí, los puntos que están pendientes y lo que vamos resolviendo.

Ya se ve que mi amigo va a hacer de secretario porque la persona de que estoy hablando se va a enterar de muchas cosas —de todo— y, por eso, tiene que ser un hombre discreto, que, al acabar un despacho, no salga corriendo a vender la exclusiva a la primera revista que le pague bien.

Tiene que ser, además, una persona ordenada, porque, poco a poco, habrá bastantes cosas en marcha y no puede ser que se nos olvide alguna y que justo la que se nos olvide sea importante. Y tendrá que recordárselas a los VP de un modo amable, pero firme y eso, a veces, es difícil.

Mi amigo de San Quirico puede hacer todas esas cosas. Ya sé que no tiene muchos estudios, pero tiene muy buena formación. Sé que es una buena persona, de la que yo —y España— nos podemos fiar. Porque cuando un personaje traidorcete sale a escena no está traicionando solo a su jefe, sino a España, y entonces la traición es mucho peor.

Y, además, produce un efecto desmoralizante, porque la gente normal empieza a pensar que ya no queda gente honrada, y sí que queda, que la he visto yo.

29
LOS VIERNES, CONSEJO

En esto de los Consejos son fundamentales dos cosas: el orden del día y el acta.

El orden del día es la lista de asuntos que se van a discutir.

El acta recogerá los acuerdos que se hayan tomado.

EL ORDEN DEL DÍA

Hay quien le llama también agenda. Yo siempre le he llamado orden del día, pero me da lo mismo. De lo que se trata es de que todos acudamos al Consejo sabiendo a lo que vamos y que la reunión no se convierta en una jaula de grillos desordenada, como he visto en alguna ocasión.

Por ejemplo, he visto que una reunión de un Consejo convocada para las doce del mediodía empezaba a las tres y cuarto de la tarde porque el presidente, tan desordenado como los demás, permitía que todos se pusiesen a hablar a la vez de temas varios, enlazando unos con otros y quitándose mutuamente la palabra.

Los Consejos empezarán a las nueve de la mañana y a las once se hará un descanso de veinte minutos para que el que quiera, vaya al lavabo y el que quiera, además, tome café con pastas.

Luego, de once y veinte a dos de la tarde, de un tirón, con todo el café que la gente necesite —y todas las idas al lavabo, también—. En ningún caso se servirá nada de alcohol, porque uno ya tiene su experiencia y ha visto los efectos letales que un chorrito de whisky puede producir en una reunión que se suponía que debía ser seria y constructiva.

En lo del orden del día me voy a poner tieso: se respetará con rigidez germánica. Yo no sé si los alemanes lo respetan. Supongo que habrá de todo. Pero cuando hablas de esas cosas y les añades el adjetivo «germánico», la gente dice: «Ah, claro».

Pues eso, que el orden del día servirá para decir: Punto 1. Le toca al VP 1. Los demás escuchan calladitos y cuando acaba, dan su opinión por turno. Hago hincapié en lo de escuchar calladitos, porque si no te callas, no escuchas, y si no escuchas, no sabes de qué se está hablando, y si no sabes de qué se está hablando, todo lo que digas no sirve para nada.

Después del punto 1 viene el 2 y luego el 3, y así hasta que se acaba.

Las decisiones se toman por consenso. Pero si hay que votar, se vota. Como dice mi amigo Manolo, otro fenomenal profesor del IESE, «votar no es ningún drama». Cada uno tendrá un voto. Yo, también. Eso quiere decir que yo y cada uno de los VP tenemos que estar dispuestos a que nos tumben una propuesta.

Y, claro, todas las decisiones que se tomen en el Consejo son decisiones del Consejo y yo estaré de acuerdo con ellas, aunque haya votado en contra, porque esas son las reglas del juego. Y no iré a por el primer periodista que me encuentre para decirle: «El Consejo ha decidido, con mi voto en contra...» o «Yo no quería, pero los demás me ganaron en la votación».

Para esto es importante lo que hemos dicho antes: que la gente vaya a este trabajo del *safety car* con la idea de sacar España adelante y no para medrar políticamente, socialmente, económicamente, y así. Y que no van a hacer carrera. Que ya la han hecho. Y que esto dura cuatro años y NI UN DÍA MÁS. Si ese día cae en jueves, ese jueves el *safety car* se mete en boxes y no vuelve a salir NUNCA, aunque haya manifestaciones en todas las ciudades y pueblos españoles pidiéndonos de rodillas que nos quedemos hasta el domingo.

A las dos de la tarde, una Coca-Cola y unas galletas saladas. Y durante media hora, un poco de cotilleo: cada uno contará las cosas que le han sucedido o que lleva entre manos, de modo que, al acabar, todos estén al tanto de todo.

Y a comer a casa, porque alguno querrá dormir un rato y por la tarde hay que trabajar.

EL ACTA

El secretario hace el acta, en la que se dice lo que se acordó. En lo del acta hay que huir de dos extremos:

1. Que sea tan concisa que no se entienda nada y que, una semana más tarde, nadie se acuerde de lo que quería decir aquello. Recuerdo unas actas que a mí me producían estupor y que venían a decir cosas tales como:

    a. P1. R: JCK. AM2. OK
    b. P2. R: XFG. RXV. Pdte.
    c. P3. R: VPV. Hecho, pero falta GGY
    d. Etcétera.

2. Que el acta recoja todas y cada una de las palabras dichas en la reunión, adornándolas con requiebros tales como: «El señor presidente, con su profundidad de juicio habitual, afirma enfáticamente que...». Ni profundidad de juicio ni gaitas: «El presidente dice:...».

El acta tiene que estar redactada en veinticuatro horas y en poder de los asistentes el sábado, para que le echen una ojeada ese día y el lunes, a primera hora, al conectar el ordenador, se la encuentren y puedan decir que están de acuerdo o que hay un punto que no quedó claro.

Los Consejos monográficos

A veces —por ejemplo, ahora— harán falta Consejos monográficos, o sea, dedicados a un solo tema. Digo AHORA, porque la situación económica está un poco chunga y, lógicamente, habrá bastantes Consejos monográficos sobre la situación económica y sobre lo que vamos a hacer para salir de ella.

Pero cuando salgamos de esta situación, que saldremos, también habrá Consejos monográficos sobre otros temas que, en esos momentos, se consideren importantes.

Dios quiera que haya muy pocos Consejos monográficos para hablar de Paz, Honradez y Tranquilidad, porque eso querrá decir que tenemos paz, honradez y tranquilidad y podemos dedicarnos a trabajar en otras cosas.

INFORMACIÓN

En primer lugar, hay que informar al Rey. Porque no quiero de ningún modo que se entere por los periódicos de lo que estamos haciendo. Eso quiere decir que el viernes por la tarde, los cinco nos acercaremos a la Zarzuela y le contaremos todo y le diremos que mañana le mandaremos el acta.

De la Zarzuela, los cinco a la televisión, para contar lo que hemos hecho.

Nos maquillarán normalmente. Digo lo de normalmente porque, en un programa en el que participé, me pareció que a la maquilladora se le iba la mano. Yo notaba que ponía bastantes potingues y que le daba a la brocha con mucho entusiasmo. No dije nada, por supuesto, porque cada uno sabe de aquello en lo que trabaja. Pero, al salir, mi hijo Gonzalo, me miró y dijo: «¡Papá, pareces Obama!».

Me viene bien decir esto, porque no quiero parecerme a Obama, al que todos utilizan cuando quieren hacerse los modernos. Quiero parecerme a mí y quiero que los otros se parezcan a ellos. Y no quiero que hablen como yo. Quiero que hablen como ellos.

En esta comunicación, que será ante periodistas, que podrán preguntar lo que quieran, procuraremos informar de lo que estamos haciendo y compararlo continuamente con lo que dijimos que íbamos a hacer. Un amigo mío, presidente de una empresa de tamaño medio, suele decir que es fundamental DAR CUENTA. Es decir: que si yo voy a la tele y digo que voy a poner en marcha un plan en el que me gastaré unos cuantos millones de euros y con esos euros haré esto, lo otro y lo de más allá, tengo que ir semanalmente o cada quince días, o a lo sumo cada mes, a decir al público: «Me he gastado esto. Y he hecho esto y lo otro y lo de más allá, pero no lo he acabado todavía, porque solo ha pasado un mes y yo aseguré que lo haría en cuatro meses». Y así, la gente me controlará. Y la gente sabrá si lo hago bien o si lo hago mal. Y la gente sabrá si miento o no. Y no sigo hablando de la gente, excepto para recordar que «la gente» es mi junta de accionistas, que son los que ponen el dinero para que su empresa —España— vaya adelante y que yo tengo que darles cuenta de lo que estoy haciendo con su dinero, porque pagan impuestos, y tengo que darles cuenta de cómo saco adelante esos Planes que, recuerdo, no son un fin en sí mismos, sino un medio para sacar adelante a esta nación nuestra.

Información concisa, seria, sin elocuencias inútiles, sin rollos inaguantables, que se entienda, que sea verdadera.

Y cuando digo lo de «verdadera», suelto una exclamación: «¡HASTA AHÍ PODÍAMOS LLEGAR, QUE ALGUNO DE LOS QUE GOBERNAMOS MINTIERA!». Duraría entre seis y ocho minutos en su puesto y se iría a la calle vertiginosamente, o sea, por la ventana.

Con este tipo de información pretendo evitar preguntas como: «¿Qué le parece a usted el Plan XX? ¿Se ha conseguido algo?». Y como el Plan XX ha quedado enterrado en una maraña de cosas, de opiniones, de nubes, de carteles y de no sé cuántas cosas más, unos dicen que, gracias al Plan XX, España sigue existiendo y otros dicen que el Plan XX no ha servido para nada en absoluto, excepto para la empresa que ha fabricado los carteles, a la que le ha ido muy bien y que hace que muchos nos arrepintamos de no haber comprado acciones de esa empresa en su día.

A mí, lo de la tele me gusta. Y me gustaría mucho que a cada uno de los que gobernamos se nos vea y se nos oiga. No para hacernos propaganda, sino para que la gente —los accionistas— recuerden que ellos son los que pagan, nosotros sus empleados y que los empleados tienen que dar cuentas a sus Jefes, como ya he dicho que dice mi amigo Federico. Y nos tienen que entender y no podemos utilizar frases rimbombantes ni palabras seudotécnicas que hacen que el señor de la boina, con un palillo en los dientes y que se está tomando un carajillo sin quitarse el palillo y que está en el bar de Villavieja de Allá-arriba suelte una grosería y se ponga a jugar a las cartas. Yo quiero que ese señor, que, por cierto, tiene un voto, igual que yo, me entienda. Y una vez que me haya entendido, pueda decir que está de acuerdo conmigo o no. Pero si le hablo en chino y ese señor no sabe chino —y yo tampoco—, al final me votará por cómo sonrío o por la cantidad de maquillaje que me ha puesto Tània, mi amiga la maquilladora de Antena 3 en Barcelona, que, por cierto, es un crack.

30
LO QUE ME GUSTARÍA

Me gustaría mucho:

1. Que los cinco —más mi amigo, o sea, los seis— tuviéramos ideas claras sobre lo que hay que hacer para España.
2. Que los españoles supieran exactamente lo que queremos hacer.
3. Que los españoles pudieran saber constantemente cómo va lo que dijimos que queríamos hacer.
4. Que si hubiera que cambiar algo de lo que dijimos, porque la vida es cambiante, que ninguno de los seis tuviéramos vergüenza de afirmar: «Vamos a cambiar». Dando razones serias, por supuesto.
5. Que los seis supiéramos el dinero que tiene España, el que va a llegar y el que va a salir y, como consecuencia, lo supiesen los cuarenta y seis millones de españoles, aunque a algunos, como mi nieta Alicia, que tiene dos años, no les importara nada.

6. Que los seis supiéramos exactamente lo que debemos y cuándo tenemos que pagarlo, y que lo supiese la gente.
7. Que los seis domináramos el Plan de Tesorería a un año vista, para saber cuándo nos sobraría dinero —algo improbable hoy— y cuándo faltaría. Y si se podrían adelantar cobros. Y si se podrían retrasar pagos —alguna vez he dicho que esto lo inventamos mi mujer y yo hace años. Y estoy seguro de que hay muchos matrimonios que también lo han hecho y quizá, antes que nosotros. Y si alguno no lo ha hecho todavía, ¡que lo haga enseguida!—, y que lo supiese la gente.
8. Que los seis tuviésemos claros los Presupuestos Generales del Estado, o sea, cuánto va a ingresar el Estado este año y cuánto va a desembolsar.
9. Que en esos Presupuestos no hubiera cambalaches, como hay en algún país que conozco yo —voto a favor si me tapas la acequia que pasa por delante de mi casa, porque huele mal.
10. Que si los ingresos son menores que los gastos, que serán, que sepamos de dónde saldrá el dinero, y si nos lo prestan, en qué condiciones, y que la gente lo sepa.
11. PARÉNTESIS IMPORTANTE: Una responsabilidad de los que gobiernan y de los que son gobernados es conseguir que el país esté formado por cuarenta y seis millones de personas responsables —ahí incluyo a mi nieta Alicia—, que formen parte de X millones de familias responsables. Con este plan pretendo que, poco a poco, o mucho a mu-

cho, la gente se entere y se dé cuenta de que las cosas son mucho más sencillas que lo que nos dicen unos cuantos ignorantes/iluminados/farfallosos/impresentables que hablan en un idioma raro y a los que no se les entiende nada, en primer lugar —me parece que ya lo he dicho muchas veces— porque ELLOS NO SE ENTIENDEN A SÍ MISMOS.

12. SIGUE EL PARÉNTESIS: Es que «todo forma parte de todo» y si

    a. yo entiendo de lo que hablo;
    b. tengo claro lo que tengo que hacer;
    c. como lo entiendo y lo tengo claro, lo explico bien;
    d. la gente me entiende,

    entonces estoy formando a la gente y ayudando al VP de la Buena Educación.

31
Nuestras mujeres

Mi amigo y yo estamos un poco moscas porque parece que entre nuestras mujeres hay un pacto de silencio. No dicen nada del tema. No preguntan cómo va el trabajo ni cuándo nos reunimos ni nada. O no les importa —que sí les importa— o han decidido no intervenir, por ahora, y ver si se nos ocurre algo.

Varias veces le he propuesto a mi amigo irnos a cenar los cuatro para informarles de cómo estamos avanzando, pero él dice que no, que espere. No que espere hasta tener todo completo, sino hasta tener algo que nos permita decirles: «Por aquí van los tiros. ¿Os gusta? ¿Os parece bien el enfoque? ¿Podemos continuar?».

32
HAY QUE ELEGIR A LOS VICEPRESIDENTES

Ni mi amigo ni yo hemos seleccionado nunca un vicepresidente. Mi amigo dice que con lo mal que lo pasó teniendo que despedir a un gruísta que él había contratado, se le han pasado las ganas de emplear a nadie. Me vuelvo a acordar de Antonio que, hace muchos años, me decía que los ministros se eligen como las muchachas de servicio, por recomendación de los amigos —normalmente, era por recomendación de las amigas.

Como ahora ya no hay muchachas de servicio «de aquellas», no se lo digo a mi amigo de San Quirico. Pero él, sin saberlo, inventa el mismo método. Y opina que yo conozco más gente que él, pero que está dispuesto a ayudar, «a hacer de frontón».

Esta es una frase que no me ha gustado nunca. Cuando te dicen: «Necesito que me sirvas de frontón. Yo te iré lanzando ideas y tú me las criticas», me parece bien en teoría, pero nunca me ha salido bien. Seguramente, por mi incapacidad. Pero también puede ser porque si al que te lanza la idea le dices que no te gusta y se molesta, tiendes a responderle siempre que sí. Y si le contestas siempre que sí, ¿para qué sirves?

Bueno, pues, a pesar de eso, tengo que seleccionar a los Uvepés y mi amigo servirá de frontón.

Le digo a mi amigo que empezamos por el presidente y su adjunto y él afirma: «Por supuesto, tú y yo». Pues ya tenemos dos. Él y yo. Yo, de presidente. Él, de adjunto, o sea, de Manel Estiarte en el Barça de Guardiola.

Yo saco mi lista de amigos. Es muy larga. Gente que he conocido en mi vida, en el IESE o en las empresas con las que me he relacionado. Y, sorprendentemente, mi amigo también saca su lista. Y también es larga, porque, aunque dice que no conoce a nadie, conoce a mucha gente.

Primer corte: tienen que hablar inglés perfectamente. Mi amigo me mira con cara de duda. Lo tranquilizo: «Yo me defiendo, más o menos. Tú no necesitas hablar más que castellano o catalán, según te dé, porque solo hablarás conmigo».

Nos pasamos la tarde barajando nombres. Por la noche tenemos una primera lista de gente maja, que cumple con los criterios que hemos establecido, y que pensamos que aceptará las condiciones de trabajo, entre ellas las económicas, que vamos a establecer.

Los del bar cada vez están más preocupados con nosotros. Porque los desayunos se alargan, y se alargan, y se alargan y, a pesar de la libreta que me mandó comprar mi amigo, consumimos servilletas a un ritmo muy acelerado. Y como yo, un día, hasta me llevé el ordenador, sospechan que estamos metidos en algo importante y pienso que rezan para que eso importante sea bueno y no aparezcan un día los Mossos d'Esquadra con una orden de clausura del local por actividades relacionadas con el sexo o con las drogas.

Hoy el desayuno se ha acabado a las seis de la tarde. Hemos pedido algo para comer. La cocina es muy buena. En estos pueblos, que te parece que están perdidos en la montaña, te encuentras un bar como este en el que los hijos han estudiado en la Escuela de Hostelería de Lausana y cocinan de maravilla. Aprovechando lo de Lausana, estiramos un poco el brazo y comemos bien. Hemos acordado que hoy lo pagaremos nosotros y que iremos apuntando lo que gastamos, por si acaso un día podemos presentar una factura al vicepresidente Ama de Casa. Y si no podemos, porque al vicepresidente no le gusta, pues lo pagamos nosotros que, al fin y al cabo, es lo que hemos estado haciendo durante toda nuestra vida.

Al salir, me despido de mi amigo. Él se va a trabajar a su empresa. Dice que, desde que están sus hijos, va «a hacer como que trabaja». Yo voy al pueblo, porque tengo que comprar los periódicos que recomiendo —el generalista y el económico, siempre los mismos—, y que hoy no he leído todavía. Si se han acabado, los veré en Internet. Quizá es que soy un poco del siglo pasado, pero el periódico, periódico, o sea, ese que tiene muchas páginas y las pasas una por una, y te ensucias los dedos a veces, y sabes en qué página están los deportes, y las esquelas, y los cotilleos de sociedad me sigue gustando más que el otro. Es posible que se vaya imponiendo el otro, pero, mientras lo hace, sigo con el de papel.

33
QUÉ HACEMOS CON LOS DEMÁS. EL INFORME FINAL

Mi amigo ha dado unos pasos, pero se vuelve y me dice: «Se nos ha olvidado algo: ¿qué hacemos con los otros?».

Como pongo cara de extrañeza, me comenta que «los otros» son los ministros actuales, de los que ni hemos hablado. Mi amigo dice que algunos no hacen mucho, pero yo creo que, unos más, otros menos, se ganan el sueldo.

Como no lo sé muy bien, pienso que, cuando hagamos el Pebecero, nos enteraremos de todo lo que sobra y que esto nos servirá para el informe final.

Porque acabo de decidir que en estos cuatro años de *safety car* hemos de hacer muchas cosas, pero lo fundamental es que tenemos que dejar establecida una forma de gobernar.

Y con esa forma de gobernar, basada en poca gente, muy honrada y muy seria y muy comprometida, se podrán hacer muchas cosas en cuatro años, pero lo mejor será que podremos demostrar que hay otra alternativa a la actual —iba a poner un párrafo resumiendo la actual, pero no lo hago, porque si me pongo a escribir, me enrollaría y, además, todo lo que saliera sería negativo. Y eso no es bueno.

El INFORME vendría a ser algo así como:

Estrategia que estamos siguiendo y recomendamos seguir por el Gobierno de España

1. Estará basada en:
   a. La importancia de la persona.
   b. La importancia de darnos cuenta de que las castañas no salen solas del fuego, ni empujadas por el Gobierno, sino que las sacan las personas. Y como en España hay cuarenta y seis millones, y de ellas, la mitad es población activa, hay unos veintitrés millones de cerebros que, puestos a discurrir, algo pueden sacar adelante. Y como esos veintitrés millones de cerebros están dentro de veintitrés millones de cuerpos, esto da cuarenta y seis millones de manos para trabajar. Y si cada par de manos trabaja ocho horas diarias y quitamos la mayoría de los puentes inventados, saldrían bastantes horas de trabajo. Y la combinación de trabajar mucho y discurrir mucho siempre ha dado muy buenos resultados. Lo mismo que la combinación de discurrir poco, exigir mucho y no pegar ni brote, aprovechando todos los puentes aprovechables y bastantes de los no aprovechables, conduce a que eso de la competitividad no sea lo nuestro.
   c. La importancia del juego limpio.

2. Dará importancia fundamental a:

   a. Una administración de «la cosa pública» —me parece que se llama así— hecha con los mismos criterios que «la cosa privada», es decir: austeridad —hay que llegar pronto al equilibrio presupuestario, que es lo que toda familia seria intenta conseguir. Vamos, que los ingresos sean iguales a los gastos. Y si son mayores, mejor—, honradez y llevar las cuentas claras. —Aquí pondría más cosas, pero prefiero que este libro sea interactivo, que es lo que se lleva ahora, y que las amas de casa que lo lean hagan un pequeño esfuerzo y escriban todo lo que consideran que es bueno para la administración de una familia. Pues ESO es lo que yo quiero para España.
   b. Una información a la nación, para que, constantemente, puedan saber todos cómo van las cosas. Y puedan saber si cumplo con lo que dije. Y si no lo hago, que les explique qué sucedió. Que no pasa nada por cambiar de opinión cuando se tienen más datos. Que tampoco pasa nada por equivocarse, si las cosas quedan claras.
   c. Un «saber estar», o sea, saber quiénes somos y qué puesto ocupamos en el mundo. Saber que, siendo un segundón, se puede vivir muy bien. Lo que pasa es que, para ser un buen segundón, también hay que trabajar duro y discurrir mucho.

1. Seguras:
   a. un presidente;
   b. su adjunto, que le ayuda en el quehacer diario;
   c. un vicepresidente Ama de Casa;
   d. un vicepresidente responsable de las Relaciones con la Gente;
   e. un vicepresidente responsable de la Buena Educación;
   f. un vicepresidente responsable de la Paz, la Honradez y la Tranquilidad.
   Total: 6 personas seguras.

2. Posibles —resultado del Pebecero en el Gobierno central:
   a. actual ministerio de XX. Funciona muy bien. Gasta lo necesario. Quizá le sobran dos ordenanzas;
   b. actual ministerio de YY. Eliminar de inmediato. No sirve para nada. La persona que lo ocupa es absolutamente incompetente y metepatas;
   c. actual ministerio de ZZ. Con cuatro retoques quedaría bien. Uno de los retoques consistiría en sustituir a la persona que está al frente por otra más presentable.
   d. Etcétera.
   Total: X personas posibles.

3. Más posibles —resultado del Pebecero en las Comunidades Autónomas:

a. aquí también se pueden hacer todo tipo de ejercicios. Seguramente, todos estarán acertados.
Total: Y personas posibles.

4. Posibles —resultado del Pebecero en las Administraciones locales:
   a. más ejercicios.
   Total: Z personas posibles.

Personas que sobran

1. Las personas que trabajan ahora menos las seguras menos las posibles.
2. No se trata de decir: «Mañana, ¡todos a la calle!», sino de saber lo que pasa. Y que la gente lo sepa. Y que veamos que un país basado en un gasto desaforado lo pasa mal, necesariamente. Cosa que sucede en cualquier familia y que es posible que hasta nos haya sucedido a alguno de nosotros, cuando, llenos de imprudencia juvenil, hemos estirado el brazo mucho más que la manga.
3. Y como no se les puede echar a la calle, porque lo estropearíamos más, presentaremos las cuentas del siguiente modo:

   a. Presupuesto normal —lo que hace falta—: tantos ingresos y tantos gastos.
   b. Presupuesto no normal —lo que no hace falta—: cero ingresos y tantos gastos.

Y, poco a poco, eliminaremos el Presupuesto no normal, aunque costará unos años, porque lo que se construye durante mucho tiempo no se destruye en una tarde.

34
OTRA CENA DE MATRIMONIOS

Me encuentro a mi amigo en la papelería del pueblo de al lado. Le sorprendo comprando tres ejemplares de mi libro. Me dice que son para tres amigos suyos, pero que se los tendré que dedicar. Se lo agradezco mucho.

Cuando me voy a marchar, se da la vuelta y me dice: «Quizá ha llegado la hora de hablar con nuestras mujeres».

La experiencia me ha enseñado que, cuando mi amigo pronuncia lo de «quizá», me está dando una orden. Por ello, traduzco su mensaje: «Prepara inmediatamente una cena con nuestras mujeres».

Y voy a casa y le digo a mi mujer que llame a la mujer de mi amigo, para cenar los cuatro donde siempre.

Aparecemos los cuatro en el restaurante. Es bastante pronto y todavía no hay mucha gente. Todas las mesas tienen un nombrecito, lo cual quiere decir que están reservadas y que, de aquí a un rato, estará lleno. Es un restaurante que no tiene comedores reservados y nos ponen en una mesa redonda que hay entrando a mano izquierda, al final de la sala de arriba, separada de la de abajo por dos escalones.

La gente va entrando y nos saluda. No se imaginan lo importante que es esta reunión. Les parece que dos matrimonios amigos se han reunido para pasarlo bien un rato. Si supieran lo que vamos a discutir, entrarían en silencio y nos mirarían con más respeto.

Mientras nos traen la carta, pedimos algo para picar y algo para beber, porque, como dice mi amigo, «tenemos que entonarnos».

Nos entonamos, pedimos la cena y mi amigo, sin esperar más, saca la libreta y explica que empieza ahora porque, si esperamos al café, se nos harán las tantas, apagarán las luces y, amablemente, nos echarán. Y claro, que un equipo de gobierno ande por ahí a las tantas de la madrugada buscando un bar para concretar sus planes de futuro no parece adecuado.

Y empieza. Y les cuenta todo: lo que me ha dicho la gente después de las conferencias, lo del «accidente», lo del *safety car* —lo pronuncia bien y, además, aclara lo que quiere decir, por si acaso—, lo que hemos pensado, los criterios para seleccionar a los vicepresidentes, lo de la campaña electoral y todo lo demás.

Y como lo lleva escrito, lo hace bien. Si digo que tiene la cabeza bien amueblada, pensará que le insulto. Pero la tiene. Es decir, dice primero lo primero, segundo lo segundo y tercero lo tercero. Y sigue un orden lógico. Y dice cosas y todas tienen su explicación. Mientras habla, me lo imagino en el Congreso, y pienso que causaría sensación, porque haría mejor papel que algunos/as, que si lo llevan escrito, lo leen a trompicones, y si no lo llevan escrito, Dios nos asista.

Nuestras mujeres escuchan con atención. La de mi amigo saca del bolso una agenda y un bolígrafo y toma notas. Arranca unas hojas en blanco y se las pasa a mi mujer, que también saca el boli y también apunta.

Eso va en serio. Las veo interesadas. Me empiezo a hacer ilusiones.

Mi amigo se refiere a lo de la campaña electoral, diciendo que hay que hacerla de otra manera. Que, como yo he dado no sé cuántas conferencias en dos meses, podíamos dar esas mismas conferencias cada uno de los seis y en dos meses quedaba resuelta la campaña y, como hemos decidido que no íbamos a ser partidistas, se supone que a las conferencias vendría gente de todos los pelajes. Que cada conferencia duraría media hora o tres cuartos y que luego la gente podría preguntar lo que quisiera durante una hora, por ejemplo.

Y que este procedimiento sería barato, porque viajaríamos en avión en turista o en AVE en preferente, porque, por un poco más, te dan de desayunar, de merendar o de cenar. Mi amigo añade que, si es en avión, le gustaría que nos reservasen asientos en la fila de emergencia porque es más ancha y se pueden estirar las piernas.

Y al final de la campaña, sabríamos si a la gente le había gustado nuestro plan o habían considerado que era una auténtica memez.

Luego llega el momento en que mi amigo pasa a informar de cuáles serían nuestras condiciones económicas. Veo que, cada vez que dice «nuestros» o «nuestras», mi mujer y la de mi amigo ponen caras raras, pero se callan, como si pensasen: «Déjales que sigan, que ya les haremos callar a su tiempo».

Y les decimos que nuestras condiciones serán las siguientes:

1. Retribución, CERO, porque los dos estamos jubilados y nos manejamos bien con la jubilación y con unos ahorrillos que tenemos. Mi amigo, además, tiene su negocio, del que retira unos pocos dividendos.
2. Lugar de residencia:

   a. Durante la semana, la Moncloa, que es donde están las oficinas y la gente y no es cuestión de trasladar a todos a San Quirico, porque para ellos sería un engorro familiar y porque tanta gente y tantos coches nos estropearían la zona.
   b. Fines de semana, en San Quirico.

3. Traslados Madrid-San Quirico-Madrid, a cargo del Estado. Mi amigo quiere ir y venir en avión desde Madrid y luego, hasta o desde San Quirico, en helicóptero. Ya ha hablado con el presidente del club, que es muy amigo nuestro, para que nos deje aterrizar en el campo de fútbol, pero me parece que eso es tirar el dinero y que España no está para muchos caprichos.
4. Vacaciones, en San Quirico.
5. Guardaespaldas: no necesitamos.
6. Asesores de imagen: no necesitamos.
7. Coches:

   a. En Madrid, uno oficial, con banderita.
   b. En San Quirico, los nuestros.

8. Ropa, la que tenemos. Cada uno se la comprará donde le apetezca y la pagará de su bolsillo, guardando la factura y el recibo, que siempre es bueno.
9. Duración del trabajo: cuatro años, absolutamente, radicalmente, totalmente improrrogables.
10. Carta de dimisión, firmada el día que nos incorporemos y entregada a S. M. el Rey, sin fecha, para que él la ponga cuando lo estime conveniente. Porque puede ser que, en un momento dado, diga: «Estos son unos inútiles». Y cuando el Rey piense que los que gobiernan son unos inútiles, los inútiles a la calle, pero sin darles luego una medallita ni un sueldecito para que se consuelen. A la calle, quiere decir A LA CALLE. La fecha nunca será posterior a los cuatro años.

El corte

No sé si alguna vez he dicho que cuando conocí a mi mujer, ella estaba en cuarto de Medicina. Esto nos ha servido mucho en casa, porque con tantos hijos y tantos nietos, ha hecho de médica más que si hubiera montado una consulta. Además, se ha dedicado a educar a los hijos. Por eso, cuando oye decir a alguna tontina eso de que la mujer se realiza siendo directora financiera de una multinacional, solo dice tres palabras: «¡Ay, qué risa!».

Pero alguna vez he pensado que, sin saberlo yo, mi mujer ha hecho algún curso de corte y confección. De confección, no lo sé. Pero de corte, estoy seguro. Porque, en el momento en que estás más exultante hablando de algo y no le convence, te pega un corte que te deja plantado.

Hoy no podía ser menos. Cuando mi amigo está en plena exposición, con la cara llena de entusiasmo, y yo estoy más callado, pero con el mismo entusiasmo que mi amigo, y además se me nota, mi mujer mira a la mujer de mi amigo y dice: «Ciento cuarenta y nueve».

Callamos todos, porque en eso de los números con frecuencia hay un cierto significado: en el Apocalipsis se habla del seiscientos sesenta y seis, en el Evangelio de setenta veces siete... Esos números quieren decir algo. Pero ni mi amigo ni su mujer ni yo entendemos qué quiere decir ciento cuarenta y nueve.

Mi mujer repite y aclara: «¡Ciento cuarenta y nueve! Entre los dos tenéis ciento cuarenta y nueve años. Y a esas edades ¿os da por meteros a salvar a la patria? Lo que tenéis que hacer es quedaros en casa, desayunar juntos de vez en cuando, leer algo, que buena falta os hace, ocuparos de nosotras y poco más».

Mi mujer siempre ha sido partidaria de que los viejos no hagan tonterías. También dice el «¡ay, qué risa!» cuando ve a uno de noventa años que se ha casado con una de veintitrés y han tenido un hijo. En ese caso añade dos palabras más: «¡Pobre niño!». Opina que los viejos, fundamentalmente, tienen que hacer solo una cosa: prepararse para bien morir.

Siempre ha sido una exagerada, aunque, en el fondo yo creo que tiene razón. Lo que pasa es que si los viejos están en buen estado, mental y físico, siempre pueden hacer algo útil para la sociedad, además de ir a buscar a los nietos al colegio y comprar el pan, que, por cierto, son ocupaciones muy dignas.

La mujer de mi amigo sonríe y asegura: «¡Claro! —y añade—: Fíjate que el tema me iba gustando a medida que hablaba mi marido, pero algo me sonaba mal. ¡Era eso!». Y sigue: «Pero lo que proponen no es ninguna tontería. Y mejorando lo que hubiera que mejorar —que son muchas cosas— y afinando lo que hubiera que afinar —que son muchas cosas—, igual podría servir para algo. Lo del *safety car* me gusta. Lo que pasa es que todos los que ahora mandan, medio mandan o se oponen, querrían estar dentro, y en el *safety car* caben pocos. Y además, cada uno conduciría tirando del volante hacia su lado».

Continúa: «Igual a la gente le gustaba este nuevo modo de gobernar, igual le parecía que había llegado un soplo de aire fresco e igual, cuando estos se retirasen, la gente exigía que se siguiera gobernando así».

Mi mujer, que es como es —su padre era así—, dice: «Muchos iguales has dicho».

Viene el silencio. Porque ellas ya han hablado lo que tenían que hablar y porque nosotros nos hemos quedado desinflados, como un neumático pinchado. Hemos trabajado mucho, hemos discurrido mucho, hemos seleccionado gente y menos mal que no hemos hablado con ellos, porque si no, a ver cómo les explicamos ahora lo del ciento cuarenta y nueve.

Pedimos la cuenta y pagamos. Y nos vamos.

35
La despedida

Hoy hemos venido los cuatro en mi coche. Andamos hacia donde lo tenemos aparcado, a unos cien metros del restaurante. Hace una noche espléndida, fresquita, muy agradable.

Las mujeres van delante, hablando y como muy contentas. Mi amigo y yo, detrás. Cabizbajos y en silencio.

Mi amigo, que ve bastantes películas, me dice: «Yo pensaba que esto podía ser el principio de una bella amistad».

Le oigo y, aunque la noche es muy clara, me parece que ando por la niebla del aeropuerto de Casablanca.

Y de repente, mi amigo afirma: «¡Pero si ya somos amigos!». Y le entra la risa. Una risa sonora, estentórea, un poco escandalosa, que le sale de dentro. Las mujeres se vuelven, y él sigue riéndose.

Cogemos el coche y sigue y sigue. Tiene los ojos llenos de lágrimas de risa. Y dice: «¡Pero qué chalaos! ¡Qué horror lo del helicóptero! ¡Y lo de la fila de emergencia! ¡Y lo del Pebecero!».

Y sigue riéndose y las mujeres se contagian y me dan el viaje. Porque sí, me río, pero no sé por qué me da pena.

36
El día siguiente

Me paso la mañana ordenando mis papeles, mi libreta y mis servilletas. Meto todo en una caja, con una etiqueta que pone: «Revolución civil».

Y cuando la voy a guardar en un armario, me encuentro con el petirrojo y la petirroja. No sé por qué estos olfatean que estoy acabando el libro. Y olfatean lo que pasó ayer noche.

Curiosamente veo que los dos llevan un gusanito en el pico. Nunca los había visto así.

Y como estoy un poco blando, me emociono. Y pienso que me están diciendo que algo habría que hacer para que dejáramos de arrastrarnos por el suelo, como gusanos, pudiendo volar como flechas.

Hacia las alturas.

San Quirico, septiembre 2009

booket

Impreso en Liberdúplex, S. L.
Ctra. BV 2249, km 7,4 (Polígono Torrentfondo)
08791 Sant Llorenç d'Hortons (Barcelona)